Theologische Studien

Neue Folge

T V Z

Theologische Studien

Neue Folge

herausgegeben von
Thomas Schlag, Reiner Anselm,
Jörg Frey, Philipp Stoellger

Die Theologischen Studien, Neue Folge, stellen aktuelle öffentlichkeits- und gesellschaftsrelevante Themen auf dem Stand der gegenwärtigen theologischen Fachdebatte profiliert dar. Dazu nehmen führende Vertreterinnen und Vertreter der unterschiedlichen Disziplinen – von der Exegese über die Kirchengeschichte bis hin zu Systematischer und Praktischer Theologie – die Erkenntnisse ihrer Disziplin auf und beziehen sie auf eine spezifische, gegenwartsbezogene Fragestellung. Ziel ist es, einer theologisch interessierten Leserschaft auf anspruchsvollem und zugleich verständlichem Niveau den Beitrag aktueller Fachwissenschaft zur theologischen Gegenwartsdeutung vor Augen zu führen.

Theologische Studien

NF 13 – 2018

Thomas Schlag, Jasmine Suhner

Interreligiöses Lernen im öffentlichen Bildungskontext Schule

Eine theologisch-religionspädagogische Annäherung

TVZ
Theologischer Verlag Zürich

Gedruckt mit freundlicher Unterstützung der Ulrich Neuenschwander-Stiftung.

Der Theologische Verlag Zürich wird vom Bundesamt für Kultur mit einem Strukturbeitrag für die Jahre 2016–2018 unterstützt.

Bibliografische Informationen der Deutschen Nationalbibliothek

Die Deutsche Nationalbibliothek verzeichnet diese Publikation in der Deutschen Nationalbibliografie; detaillierte bibliografische Daten sind im Internet über http://dnb.dnb.de abrufbar.

Umschlaggestaltung: Simone Ackermann, Zürich

Druck: ROSCH-BUCH GmbH, Scheßlitz

ISBN 978-3-290-18176-5

www.tvz-verlag.ch

Inhalt

1. Zur Verortung dieser Studie

Religionspädagogische Studien sind ihrem pädagogischen und theologischen Anspruch nach nie abstrakt. Sie sind, wenn auch nicht direkt anwendungsbezogen, so doch stets auf spezifische Kontexte und konkrete praktische Fragestellungen ausgerichtet. Die hier vorliegende theologische Studie nimmt in programmatischer Weise die Thematik interreligiösen Lernens in den Blick und fragt nach dem konstruktiven Beitrag von Theologie und Religionspädagogik zum religionsbezogenen Lernen am öffentlichen Bildungsort Schule.[1] Dabei verortet sie sich im schweizerischen Bildungskontext, nimmt dessen Rahmenbedingungen und Diskurse im Bereich des Religionsunterrichts wahr und diskutiert diese, indem die Chancen, Herausforderungen und Konfliktsituationen des interreligiösen Dialogs religionspädagogisch und theologisch bearbeitet werden.[2] Somit stehen die Frage nach Religion als Bildungsthematik und die damit verbundenen religionspädagogisch relevanten Zugänge zum interreligiösen Lernen in der Schule im Zentrum dieser Studie. Durch eine bewusst theologisch-religionspädagogische Perspektive soll in didaktischer Hinsicht ein inhaltlich profilierter Zugang zur allgemeinbildenden Dimension

1 Die vorliegende Studie wurde im Zusammenhang der Gründung des Kompetenzzentrums Interreligiöses Lernen in der Aus- und Weiterbildung von Lehrpersonen (KIAL) entworfen: Das KIAL wurde im Frühjahr 2017 in Kooperation mit der Theo-logischen Fakultät der Universität Zürich an der Pädagogischen Hochschule St. Gallen gegründet. Dieses Zentrum setzt sich für den profilierten Ausbau interreligiösen Lernens in der Aus- und Weiterbildung von Lehrpersonen an der Pädagogischen Hochschule St. Gallen und darüber hinaus in der Lehre an weiteren akademischen Standorten in der Schweiz ein. Im Blick auf den Kontext des öffentlichen Bildungsortes Schule betreibt das KIAL zugleich universitäre Forschung im Bereich interreligiösen Lernens. Darüber hinaus berät es bildungspolitisch Verantwortliche, Schulen und Lehrpersonen in Hinblick darauf, interreligiöses Lernen als festen Unterrichtsbestandteil zu integrieren und die entsprechenden Lehrpläne sowie Lehrmittel darauf hin zu aktualisieren.

2 Vor dem Hintergrund der aktuellen bildungspolitischen Entwicklungen in der Deutschschweiz, die den Fachbereich Religion im Lehrplan 21 als Teilbereich des Fachs «Ethik – Religionen – Gemeinschaft» (ERG) thematisieren, wird im Folgenden – der Sache angemessen und anschlussfähig für verschiedene Bildungskontexte – die Begrifflichkeit «religionsbezogene Bildung» bzw. «religionsbezogenes Lernen» verwendet. Diese wird unserer Wahrnehmung nach bisher nicht einschlägig verwendet. Sie eignet sich für den vorliegenden Zusammenhang einerseits durch ihre Offenheit angesichts der religionsdidaktischen Debatten und der darin aufscheinenden Polarisierung von «konfessionellem» und «religionskundlichem» Religionsunterricht. Andererseits markiert die Begriffsverwendung die deutliche Unterscheidung der hier eingenommenen fachdidaktischen Perspektiven gegenüber einer rein auf Ethik konzentrierten Fachdidaktik und der entsprechenden Lehrpläne, Lehrmittel und Unterrichtspraxis (vgl. 5.1).

religionsbezogener Bildung eröffnet werden[3]: Nur ein Religionsunterricht, der auf einem möglichst klar fundierten Bildungsverständnis beruht, vermag seinem pädagogischen Anspruch und seinem gesellschaftlichen Auftrag in qualitätsvoller Hinsicht gerecht zu werden. Dasselbe gilt auch für die Ausbildung und Haltung der Religionslehrpersonen: Nur eine umfassende religionspädagogische Kompetenz sowie hohe persönliche Motivation lassen darauf hoffen, dass der schulische Religionsunterricht die Erwartungen erfüllen kann, die mit Recht von bildungspolitischer Seite aus in diesen gesetzt werden. Dazu gehört je länger desto mehr die intensive Beschäftigung mit den Herausforderungen faktischer Religionsvielfalt und den damit nur allzu oft verbundenen religiös-kulturellen Konfliktlagen. Insofern soll mit der hier im Zentrum stehenden Thematik interreligiösen Lernens auch die aktuelle Auseinandersetzung um die Zukunft des schulischen Religionsunterrichts, seiner didaktischen Grundausrichtung sowie seiner öffentlichen Relevanz näher in Augenschein genommen und eingeordnet werden.

Eine sich explizit theologisch verortende Perspektive auf öffentliche religionsbezogene Bildung sieht sich zwangsläufig mit verschiedenen Anfragen hinsichtlich ihrer spezifischen Berechtigung und Plausibilisierung konfrontiert. Dies lässt sich nicht erst für die jüngste Zeit konstatieren, sondern kristallisiert sich vor allem in Hinsicht auf das Verhältnis von allgemeiner Bildung und Religion spätestens seit der Aufklärung als Begründungsaufgabe heraus.[4] Mit der im Folgenden gewählten theologischen Perspektive begibt sich die vorliegende Studie nicht in eine exklusive Selbstpositionierung gegenüber weiteren, für öffentliche religionsbezogene Bildung relevanten Bezugswissenschaften. Sie bezieht vielmehr als öffentliche Religionspädagogik[5] bewusst Position, um den Dialog zu ermöglichen. Selbstredend ist zur angemessenen Erörterung der religionspädagogischen Debatten das Gespräch

---

3 Auch wenn Religion im Folgenden umfassend verstanden werden soll als ein spezifisches System der theoretischen und praktischen Welt- und Selbstthematisierung, und Theologie als im weitesten Sinn reflektierte Wahrnehmung der Tradition und des Umgangs mit Religion, so sind im schweizerischen Bildungskontext zunächst einmal aufgrund der historischen Entwicklungen, der Analyse der Gegenwart wie auch der religionspädagogischen Selbstverortung der Verfasser dieser Studie die christliche Religion und Theologie im Fokus. Selbstredend sind im zukünftigen Diskurs auch Grundlagen des interreligiösen Lernens weiterer, für den hiesigen Bildungskontext relevanter, Theologien zu reflektieren. Insofern versteht sich diese Studie ausdrücklich als ein Diskussionsbeitrag im Horizont der faktischen Pluralität von Religion(en) und Theologie(n) am Bildungsstandort Schweiz und darüber hinaus.

4 Vgl. Schluß, Religiöse Bildung.

5 Vgl. in dieser Linie auch Schröder; Theologische Bildung im öffentlichen Raum; Grümme, Öffentliche Religionspädagogik, in umfassender theoretischer Erörterung des Öffentlichkeitsbegriffs in seiner Relevanz für die Religionspädagogik Grümme, Aufbruch in die Öffentlichkeit sowie jüngst Roebben, Theology made in Dignity.

auch mit nicht-theologischen Wissenschaften wie der Erziehungswissenschaft, der Religionssoziologie und -psychologie sowie der Religionswissenschaft gesucht. Die hier vorliegenden Ausführungen intendieren insofern, dass die Leserin bzw. der Leser[6] die verschiedenen Gedankengänge durch den eigenen denkerischen Mitvollzug gewissermassen selbst produziert und sich so in ein je eigenes Verhältnis zur Thematik setzt.

Dabei wird in dieser Studie die – keineswegs nur für die Schweiz – relevante und gegenwärtig europaweit diskutierte Frage, ob und in welcher Weise Kirchen und Religionsgemeinschaften zukünftig noch für religionsbezogene Bildung im schulischen Raum mitverantwortlich sein sollen, nur am Rande mitbedacht. Denn die in der vorliegenden Studie eingenommene theologisch-religionspädagogische Perspektive ist zugleich mit einer bewussten Unterscheidung zwischen wissenschaftlicher Reflexion und der religiös bzw. kirchlich-institutionellen Praxis andererseits verbunden. Die Qualität, Plausibilität und Relevanz des Religionsunterrichts am Ort der öffentlichen Schule bemisst sich insofern nicht zuallererst an ihrer religionsinstitutionellen oder konfessionellen Verankerung, sondern daran, ob ihre wissenschaftlichen Bezüge möglichst fundiert und nachvollziehbar herausgearbeitet werden. Insofern verankert sich die hier vorgenommene theologische Perspektive bewusst inmitten des säkularen Rechts-, Kultur- und Bildungssystems – so wie sich die Theologie als Wissenschaft bewusst in der religionsneutralen schweizerischen Universitätslandschaft als akademische Disziplin und in ihrer Dialogfähigkeit mit den anderen Wissenschaften positioniert. Ihre Rechtfertigung als akademische Disziplin entscheidet sich dabei wesentlich daran, in welchem konstruktiven Bezug sie zur Öffentlichkeit der Gesellschaft und damit auch zum Bildungsort Schule selbst steht.[7]

In Anbetracht der im schweizerischen Kontext aktuellen bildungspolitischen und allgemeinpädagogischen Debatten über die Notwendigkeit, das Profil und die Inhalte religionsbezogener Bildung nimmt diese Studie ihren Anfang bei einem ersten Reflexionsgang zur spezifischen Relevanz öffentlicher religionsbezogener Bildung und differenziert von dort her die Möglichkeiten, Begrenzungen und Notwendigkeit von Theologie als Bezugswissenschaft (Kap. 2). In einem zweiten Reflexionsgang wird der Fokus auf interreligiöses Lernen und seine verschiedenen Dimensionen sowie die damit verbundenen didaktischen und methodischen Folgerungen gelegt: Anhand des Begriffs des «interreligiösen Lernens» werden öffentlich relevante Di-

6 So weit möglich, werden in dieser Studie beide Geschlechterformen, ansonsten die männliche Form gewählt.

7 Vgl. Bernhardt, Theologie an der Universität.

mensionen interreligiösen Lernens aufgezeigt, aus theologisch-religionspädagogischer Perspektive beleuchtet und diskutiert (Kap. 3). Hinsichtlich der didaktischen und methodischen Folgerungen wird an gegenwärtige Entwürfe von und Diskussionen um eine interreligiöse Fachdidaktik angeknüpft (Kap. 4). Daran anschliessend werden die erfolgten Reflexionen auf den Anwendungskontext des für den deutschschweizerischen Bildungsraum relevanten Fachs «Ethik – Religionen – Gemeinschaft» (ERG) in seiner spezifischen Fachausrichtung hin gewendet (Kap. 5). Die Studie schliesst mit Impulsen zu den notwendigen beruflich-professionellen Voraussetzungen im Bereich interreligiöser Lernkontexte sowie mit Überlegungen zu einer Öffentlichen Religionspädagogik als dafür relevanter Fach- und Bezugswissenschaft (Kap. 6).

2. Zur Aufgabe öffentlicher religionsbezogener Bildung

2.1 Hinführung

Für die gegenwärtigen Gesellschaften in Europa und darüber hinaus ist das Zusammenleben von Menschen verschiedener Religionen, Weltanschauungen und Kulturen längst zum Alltag geworden. Zwar wird in Hinsicht auf traditionelle religiöse Sozialisationsprozesse oftmals eine Art Abbruchs- und Verlustgeschichte gezeichnet und tatsächlich steht vor allem die christliche Religion in Europa vor der Grundfrage ihres institutionellen Fortbestands. Gleichwohl ist Religion – um es auf Mitteleuropa und v. a. die Schweiz zu fokussieren – weder aus dem rechtlichen und kulturellen Erfahrungshaushalt noch aus dem Bewusstsein und Alltagsleben der Menschen verschwunden, ganz zu schweigen von der erheblichen medialen Aufmerksamkeit, die religiöse Themen nach wie vor im Einzelfall erzeugen. Dass sich dabei die Suche nach Transzendenz auch jenseits institutioneller Verfestigung vielfältigste Wege bahnt, ist so offenkundig wie wenig überraschend. Der schon lange nicht mehr autoritativ limitierte Zugang zu religiösen Marktangeboten führt in den mitteleuropäischen Kontexten, nicht zuletzt auch durch aktuelle Migrationsbewegungen mitbeeinflusst, weniger zum Verlust an Religion als vielmehr zu deren immer unüberschaubareren Vervielfältigung und Verflüssigung.[8]

Zugleich sind die institutionellen Vergemeinschaftungsformen in ihrer Alltagspräsenz und Relevanz keinesfalls zu unterschätzen. Dies zeigen nicht nur die erheblichen Dynamiken im Bereich christlicher Freikirchen, sondern auch die immer noch etablierten Angebotskulturen der klassischen Volkskirchen. Dass das religiöse Leben auch in anderen Minoritätskirchen und den diversen Religionsgemeinschaften in der Schweiz blüht, mag nicht immer offen vor Augen treten, ist aber gleichwohl als ein Faktum nicht zu bestreiten. Bei alldem sollte das Ende religiöser Grossmonopole nicht als Bedrohung, sondern als wesentliche Bereicherung für das kulturelle und gesellschaftliche Leben verstanden werden.[9] Zudem stellt sich ganz konkret für die Schweiz die Frage, wie der weiter steigende Anteil der sogenannten Konfessionslosen eigentlich näher zu interpretieren ist. Auch wenn sich hier offenkundig eine bewusste Abkehr von institutionellen religiösen Bindungen zeigt, ist mindestens zu fragen, ob bzw. welche alternativen Weltanschauungen an

---

8 Vgl. Berger/Hock/Klie, Religionshybride; Arens u. a., Religiöse Identitäten.

9 Vgl. etwa die 2017 veröffentlichte Stellungnahme sowie Leitsätze der Zürcher Direktion der Justiz und des Innern, Staat und Religion im Kanton Zürich.

deren Stelle treten und ob nicht auch unter den Konfessionslosen Fragen nach Sinn und Transzendenz mindestens immer mit im Raum sind und auch ein Grundinteresse an Religion nach wie vor vorhanden ist.[10]

Deshalb ist den Erfahrungen religiöser und weltanschaulicher Pluralität gerade in den öffentlichen Räumen der Gesellschaft nach wie vor ein spezifisches Potenzial und besondere Aufmerksamkeit beizumessen. Namentlich in der Schule als Raum, in dem Privates und Öffentliches eng miteinander verbunden sind[11], tritt mit der Präsenz der religiösen Dimension ein systemisch komplexer, rechtlich durchaus spannungsvoller und oftmals auch emotional aufgeladener Sachverhalt vor Augen. Dazu kommt die Tatsache, dass der Umgang der Lehrpersonen, Schüler und Eltern untereinander nicht zuletzt von deren jeweiligen religiösen und weltanschaulichen Überzeugungen beeinflusst wird – auch und gerade wenn diese oft nicht bewusst handlungsleitend sind.

Zu Recht betonen deshalb entsprechende bildungspolitische Stellungnahmen, dass staatlich verantwortete öffentliche Bildung nur sinnvoll erfolgen kann, wenn die Erfahrungen differierender – religiöser wie säkularer – Weltzugänge und Lebensorientierungen bewusst und sensibel aufgegriffen und für die verschiedenen Altersstufen angemessen in Lernprozesse transferiert werden.[12] Dies gilt nicht nur im Blick auf den konkreten Fachbereich religionsbezogener Bildung – unter welchem Namen das Fach und die entsprechenden Hochschul-Ausbildungsgänge auch immer geführt werden[13] –, sondern ebenso im Blick auf jene Fächer, in welchen Religion in historischer, künstlerischer, literarischer, ästhetischer, politischer oder sozialer Hinsicht als bedeutsamer Einflussfaktor thematisiert wird.

Die Notwendigkeit der Beschäftigung Heranwachsender mit dem Thema der Religion(en) im Raum der Schule wird in der öffentlichen gesamtpolitischen wie schulpolitischen Diskussion deshalb kaum bestritten. Weder Erziehung in eine bestimmte religiöse Tradition hinein noch ein Ausklammern der religiösen Dimension aus dem schulischen Curriculum stellt dabei sowohl im schweizerischen wie im westeuropäischen Bildungskontext ein sinnvoll vertretbares Ziel dar. Religion ist als ein wesentlicher, die Individuen

---

10 Vgl. Bertelsmann-Stiftung, Religionsmonitor 2013; Stolz u. a., Religion und Spiritualität in der Ich-Gesellschaft; Themenheft III des NFP 58, «Religion in der Schule, Religiosität von Jugendlichen und Grenzziehungsprozesse in einer religiös pluralen Schweiz» sowie Baumann/Stolz, Eine Schweiz – viele Religionen.

11 Vgl. Gerhardt, Öffentlichkeit.

12 Vgl. etwa Deutschschweizer Erziehungsdirektoren-Konferenz, Lehrplan 21 zum Fachbereich Ethik, Religionen, Gemeinschaft (mit Lebenskunde).

13 Vgl. zur Nomenklatur Schlag/Suhner, Ausbildung für Religionslehrpersonen in der Schweiz.

wie die Gesellschaft prägender Faktor zu thematisieren – und dies auf eine der Sache nach angemessene, Religion also nicht auf Ethik reduzierende oder rein deskriptiv darstellende, Weise.

Basierend auf der pädagogischen Erkenntnis und Forderung, dass der Einzelne seine Handlungsfähigkeit, seine Selbständigkeit und seine Selbstbestimmung nicht mehr allein aus einer gelebten Tradition heraus erlernt und einübt, muss es Aufgabe öffentlicher – und damit auch religionsbezogener – Bildung sein, die für eine multireligiöse und -kulturelle (gegenwärtige wie zukünftige) Gesellschaft notwendigen Kompetenzen zu fördern – nicht zuletzt im Hinblick auf die staatliche Aufgabe der Förderung der notwendigen Kompetenzen für ein friedliches, auf die demokratische Gesellschaft hin ausgerichtetes Zusammenleben.[14]

Im Rahmen der bildungspolitischen, allgemein- und religionspädagogischen Debatten hat der einstige, eng mit den Kirchen verbundene schulische Religionsunterricht in jüngerer Zeit im europäischen Forschungskontext neue Aufmerksamkeit, als Fach eine pädagogische Tiefenschärfe und in öffentlicher Hinsicht zugleich neue gesellschaftliche Bedeutung gewonnen. Inhaltlich wie strukturell hat das Fach in den vergangenen Jahrzehnten zahlreiche Transformationen mit je unterschiedlichen Begründungen, Kontexten und Zielrichtungen erfahren.[15] Die Debatten und Transformationsbestrebungen drehen sich dabei stets um die folgende grundlegende Frage: In welcher Form kann Religion in einer weitgehend säkularen westlichen Gesellschaft als Bildungsgut betrachtet werden, das die öffentliche, von allen Bürgern während ihrer Kinder- und Jugendzeit[16] zwangsmässig zu durchlaufende Institution «Schule» in ihrem Fächerkanon führen soll?

Für Religion gilt dabei dieselbe Grundforderung wie für jede öffentliche Bildungsthematik: «Das Schulfach […] ist dem Bildungsauftrag verpflichtet.»[17] Die inhaltlichen Kernfragen – die sich im Blick auf die Relevanz öf-

---

14 Für die Schule ist es eine «demokratische und pädagogische Aufgabe, über die in der Gesellschaft anzutreffenden Religionen zu informieren, nachzudenken und die Schüler auf den alltäglichen Umgang mit vielen Religionen vorzubereiten», Frank/Jödicke, Öffentliche Schule und religiöse Vielfalt, 279, vgl. auch Grümme, Öffentliche Religionspädagogik; ders., Aufbruch in die Öffentlichkeit.

15 Zu Folgen und Herausforderungen der pluralen Gesellschaft für die Religionspädagogik als Wissenschaft vgl. Heger, Wissenschaftstheorie als Perspekti-venfrage?! Einen Überblick zur Diskussion unterschiedlicher Profile religions-bezogener Bildung bieten Kenngott/Englert/Knauth, Konfessionell – interreligiös – religionskundlich. Für den mitteleuropäischen Kontext vgl. u. a. Jäggle/Rothgangel/Schlag, Religiöse Bildung an Schulen in Europa.

16 Sajak bezeichnet Schüler in diesem Zusammenhang als Bürger eines «global village», vgl. Sajak, Das Fremde als Gabe begreifen, 167.

17 Schmid, «Religion» innerhalb einer Didaktik des Sachunterrichts, 181.

fentlicher religiöser Bildung stellen und die aus theologischer Perspektive bedacht werden sollen, lauten folglich:

- Wie viel und welche religionsbezogene Bildung braucht die gegenwärtige Gesellschaft?
- Wie lässt sich der Anspruch auf die individuelle und öffentlich-gesellschaftliche Relevanz religionsbezogener Bildung in einem religiös neutralen und pluralistischen Staat bildungstheoretisch näher fassen?
- In welchem Bezug stehen die aus spezifisch theologischer Perspektive erachteten Bildungsansprüche und -ziele des Religionsunterrichts zum staatlichen, allgemeinpädagogisch angemessenen – und auch interreligiös orientierten – Bildungsanspruch?

2.2 Religionsbezogener Unterricht am öffentlichen Bildungsort Schule: Rahmenbedingungen

Dass Schüler in faktisch pluralen Kontexten heranwachsen, bedeutet nicht, dass sie mit dieser Pluralität auch *eo ipso* umzugehen lernen. Globale und nationale, gesellschaftliche, politische und religiöse, ökonomische und ökologische Veränderungen sind mit einem hohen Potenzial an Ungewissheit und Unsicherheit verbunden.[18] Diese Entwicklungen tragen in ihrer Dynamik höchst widersprüchliche Natur und zeigen die Grenzen menschlicher Machbarkeit sowie nicht selten die Untiefen menschlicher Natur auf. Möglicherweise verstärkt sich sogar das Risiko religiöser und weltanschaulicher Konflikte angesichts der notabene rechtlich garantierten Religionsfreiheit, infolge derer der Einzelne je für sich selbst definiert, was er unter Religion verstehen will – und solche Näherbestimmungen je nach Lebenssituation immer wieder neu und gegebenenfalls in abgrenzender Weise vornimmt. Heranwachsende stehen infolgedessen vor der individuell wie öffentlich essenziellen Notwendigkeit, innerhalb dieser Pluralität eigene Deutungsmuster und Deutungskompetenzen zu entwickeln[19], um in diesen komplexer werdenden Erfahrungsräumen zivilisiert kommunizieren und handeln zu können.[20]

Ziel staatlich verantworteter und öffentlich organisierter Allgemeinbildung muss es deshalb sein, solche Deutungskompetenzen und einen von allen

---

[18] Vgl. Gabriel, Christentum im Umbruch, 52.

[19] Vgl. das zu Recht nach wie vor oft zitierte Werk von Berger, Der Zwang zur Häresie. Nipkow spricht von «individuelle[r] Religion im Lebenslauf (intraindividuelle Differenz)», vgl. Nipkow, Bildung in einer pluralen Welt, 215.

[20] Vgl. Grümme, Die Jugend im Religionsunterricht; ders., Heterogenität. Für eine weitere Vertiefung bzgl. historischer und systematischer Perspektiven auf religiöse Pluralität vgl. auch Willems/Reuter/Gerster, Ordnungen religiöser Pluralität.

mitgetragenen Einsatz für die Erhaltung eben dieser Pluralität zu fördern sowie zugleich Formen von Kommunikation zu pflegen, die nicht spalten, sondern gemeinsame Sichtweisen ermöglichen. Denn die Fähigkeit zur friedlichen religiösen und weltanschaulichen Pluralität ist an die Befähigung gebunden, selbst im kontroversen Diskurs im Sinn einer wertvollen Streitkultur[21] gemeinsame Einheitsmomente zu identifizieren und von dort aus nach einer gemeinsamen tragfähigen Basis des Zusammenlebens zu suchen.

In diesem Bildungsanliegen sind bereits der Wille und die Fähigkeit, mit- oder doch wenigstens nebeneinander friedlich und in Achtung zu leben – wenn auch als schwächste Form der Pluralitätsfähigkeit – impliziert.[22] Die Voraussetzung für diesen Pluralismus liegt im Bezug auf gemeinsame Wertüberzeugungen, selbst wenn damit nur wenige – aber eben für das Zusammenleben wesentliche – Grundlagen benannt sind. Für den schweizerischen Kontext sei diesbezüglich auf Artikel 2 der Schweizer Bundesverfassung verwiesen: Die Rede ist dort vom Schutz der Freiheit und der Rechte, der Unabhängigkeit und Sicherheit, von der Vielfalt – und ebenso vom inneren Zusammenhalt.[23] Aktuelle ethische Schlüsselprobleme und -herausforderungen und die damit verbundenen notwendigen Wertedebatten erfordern deshalb zuallererst eine prinzipielle Diskursbereitschaft, gleichsam als Bedingung für eine solche konstruktive Streitkultur. Damit wird der Begriff des Pluralismus auch zu einem kritischen Begriff gegenüber jeglichen totalitären und fundamentalistischen Systemen und Haltungen, welche die Freiheit der Anderen nicht im Sinne von Parität, Partizipation und Reziprozität verstehen, sondern diese zu degradieren oder gar zu vernichten beabsichtigen. Konkret ist hier etwa an die jüngsten Entwicklungen eines Populismus, der das Recht des je Anderen auf eigene, abweichende Meinungsäusserung sowie die Strukturen demokratischer Urteilbildung prinzipiell infrage stellt, zu denken.[24] Prozesse öffentlicher Bildung müssen deshalb grundsätzlich daraufhin abzielen, eine diskursbereite und reflektierte Selbsttätigkeit der Schüler zu fordern und fördern.

Mit dem schweizerischen Lehrplan 21 gesprochen: «Bildung ist ein offener, lebenslanger und aktiv gestalteter Entwicklungsprozess des Menschen. Bildung ermöglicht dem Einzelnen, seine Potenziale in geistiger, kultureller

---

21 Vgl. Lachmann/Adam/Rothgangel, Ethische Schlüsselprobleme.

22 Vgl. Fuchs, Zwischen Wahrhaftigkeit und Macht, 225f., der diese Fähigkeit als «Nebeneinanderfähigkeit» bezeichnet.

23 Vgl. Bundesverfassung, Art. 2.; weiterführend zur Wertebildungs-Debatte vgl. z. B. Nipkow, Versöhnung universal?, v. a. 172f. sowie die Bände «Werte-Bildung interdisziplinär», hg. von Blasberg-Kuhnke u. a.

24 Vgl. Müller, Was ist Populismus?

und lebenspraktischer Hinsicht zu erkunden, sie zu entfalten und über die Auseinandersetzung mit sich und der Umwelt eine eigene Identität zu entwickeln. Bildung befähigt zu einer eigenständigen und selbstverantwortlichen Lebensführung, die zu verantwortungsbewusster und selbstständiger Teilhabe und Mitwirkung im gesellschaftlichen Leben in sozialer, kultureller, beruflicher und politischer Hinsicht führt.»[25]

Von der Formulierung solcher Bildungsziele leitet sich die Einsicht und Forderung ab, dass Bildung nicht nur in der Förderung der «Aneignung der Wissensbestände, Interpretationen und Regeln einer gegenwärtig bestehenden kulturellen Lebensform» bestehen kann, sondern auch in der «Fähigkeit, diese Lebensform, wenn sie sich selbst gefährdet, in ihren Strukturen und ihren herrschenden Regeln zu transformieren.»[26] Insofern zielt Allgemeinbildung am Ort der Schule nicht nur auf Mündigkeit ab, sondern trägt sinnvollerweise immer auch einen eminent emanzipatorischen Kern in sich[27]: «In Bildung geht es um eine reflektierende Urteilskraft, die den unmittelbaren Bezug auf Verwendungszusammenhänge bricht, um eine Reflexion, die in der solidarischen Wahrnehmung der Ambivalenz menschlicher Existenz gegen Exklusion und Vernichtung von Menschen aufsteht und beizutragen versucht zur Transformation destruktiver Mechanismen, um dadurch zu einer Verfasstheit der Gesellschaft zu kommen, die allen Lebensmöglichkeiten eröffnet.»[28]

Wenn die vorliegende Studie den Begriff des *Lernens*, und nicht den der Bildung im Titel führt, soll an die aktuellen Diskussionen über Interreligiöses Lernen im Schulkontext angeknüpft werden. Dies erfolgt gleichwohl in einer dezidiert bildungstheoretischen Perspektive, die sich bereits in der Aufklärung mit Blick auf die individuelle Selbsttätigkeit des Subjekts sowie den Fortschritt der menschlichen Gattung manifestiert. Der hier ins Spiel gebrachte Lernbegriff richtet den Fokus stark auf den Prozess der Tätigkeit sowie auf den Aspekt sozialer Bedeutsamkeit, wesentlich sichtbar im Streben nach Lebenssicherung und der Forderung nach Gleichheit. Entsprechend lautet in einer formal-bildungstheoretischen Perspektive das Lernziel der Gegenwart: «Lernen» – fassbar auch im Ausdruck des «Lernen des Lernens». Im Fokus steht dabei das Ziel der Beherrschung erkenntnistheoretischer und methodischer Prinzipien gegenüber einem Erwerb einzelner Wissensinhalte. Die lernende Tätigkeit des Subjekts richtet sich folglich mehr auf die Fähig-

25 Bildungsdepartement St. Gallen, Natur, Mensch, Gesellschaft.

26 Peukert, Reflexionen über die Zukunft von Bildung, 509.

27 Grümme/Schlag, Emanzipation.

28 Peukert, Reflexionen über die Zukunft von Bildung, A. a. O., 522.

keit, sich neues Wissen anzueignen, als auf materiale Inhalte bzw. tatsächliches Faktenwissen aus. Insofern kann ein solcher formal-bildungstheoretisch gefüllter Lernbegriff nicht zuletzt die aktuelle Debatte um den Kompetenzbegriff bzw. die Frage interreligiöser Kompetenz bereichern.[29]

Damit ist von einer zweifachen Zielrichtung religionsbezogenen Lernens zu sprechen: Zum einen von einer subjektorientierten Zielrichtung, zum anderen von einer öffentlichen, sozialethischen und politischen Zielrichtung. Beide Zielrichtungen implizieren urteilend-kognitive, ästhetische, affektive und methodische Kompetenzen. (Religions-)pädagogisch gilt es dabei sowohl der Interdependenz dieser zwei Zielrichtungen als auch deren unterschiedlichen Kompetenzen Rechnung zu tragen.[30]

Demzufolge schliesst Bildung im Blick auf plurale Weltzugänge, Werte und kritisch-emanzipatorische Deutungsmuster ein, dass Heranwachsende die Abhängigkeit jeglichen Wissens von einer bestimmten Perspektive und Haltung wahrnehmen sowie reflektieren: «[…] dies ist nur möglich, wenn die Haltungsbezogenheit des Wissens ebenso zum Gegenstand des Unterrichts gemacht wird wie die Erkenntnisbezogenheit der Haltung zum Gegenstand der Erziehung.»[31] Pädagogische Arbeit greift hierzu direkt oder indirekt auf einen weltanschaulichen und religiösen Fundus zurück, damit Heranwachsende umfassend zum selbstständigen Diskurs über individuell und gesellschaftlich relevante religionsbezogene Themen befähigt werden.

Für den vorliegenden Zusammenhang ist namentlich bedeutsam, dass auf allgemeinpädagogischer Ebene drei Argumente für ein öffentliches Interesse an einer Thematisierung von Religion im schulischen Kontext (auch) in «modernen Gesellschaften» angeführt werden: Zum einen zivilisiert öffentliche Bildung die Religion(en) selbst, indem religionsbezogene Bildungsinhalte mit dem Fokus auf Verständigung, Toleranz und Selbstbegrenzung in

---

29 Vgl. Künzli, Lernen; Porzelt, Grundlegung religiöses Lernen.

30 Grümme, Öffentliche Religionspädagogik, 185. Grümme verweist diesbezüglich mit gutem Grund auf den Praxisbegriff Peukerts: «Praxis heisst […], unter erfahrenen und erlittenen Widersprüchen und damit unter Entfremdung auf eine nicht entfremdete Lebensform hin verändernd zu handeln, eine Lebensform, in der Identitäten gemeinsam gefunden werden, sodass mit den Verhältnissen sich Subjekte verändern können und umgekehrt», vgl. ebd.

31 Benner, Hauptströmungen der Erziehungswissenschaft, 240. Dass Bildungs- und Erziehungsprozesse von erheblicher moralischer und politischer Bedeutung sind, darauf haben etwa Dewey ebenso wie Rousseau, Kant und bereits Platon hingewiesen; für keinen dieser Autoren intendiert Erziehung – und Bildung – lediglich die Vorbereitung Heranwachsender auf das Leben in der jeweils vorfindlichen Gesellschaft. Sondern sie strebt – als Basis aktiver Gestaltungsmöglichkeiten (in) der Gesellschaft – ebenso die Förderung notwendiger Haltungen und des Erkennens von Zusammenhängen dieser mit Wissensinhalten an.

die schulischen Bildungsprozesse hineingetragen werden.[32] Zum zweiten ist die Öffentlichkeit «aufklärend erinnernd»[33] auf die Tradierung der Praxis in ihrer Vieldimensionalität angewiesen: Bildung verlangt die reflexive Thematisierung jeder Form menschlicher Praxis, eben auch der Religion – solange die Bedingung erfüllt ist, dass Religion tatsächlich zum Menschsein gehört und entsprechende Lehr-Lern-Prozesse «im Kontext einer innovativen Tradierung»[34] erfolgen. Drittens ist religiöse Bildung aus Gründen der «Eigenlogik religiösen Denkens und Handelns» essenziell, weil eben die Religion einen irreduziblen autonomen Teil menschlicher Praxis bildet.[35]

Angesichts dieser Auffassung öffentlicher religionsbezogener Bildung stehen religionspädagogische Reflexionen für den öffentlichen Bildungskontext in keiner Weise im Dienst etwa der Affirmation bestimmter politischer Verhältnisse, geschweige denn einer Rekrutierung von Mitgliedern für eine konkrete Religionsgemeinschaft. Eine Religionspädagogik, die sich dem aufgezeigten allgemeinpädagogischen Rahmen verpflichtet weiss, intendiert vielmehr durch ihre Mitverantwortung für religionsbezogene Bildung den individuell-religionsbezogenen Aufbau persönlicher Selbstverortung sowie den Erwerb der Fähigkeit, diese zu artikulieren und öffentlich zu verantworten. Zugleich betont sie, dass mit der religionsbezogenen Identitätsbildung stets öffentliche – und eben auch interreligiöse – Wahrnehmungs-, Reflexions- und Verständigungsaufgaben verknüpft sind. Werden diese wechselseitigen Bezüge von religiöser Identität und öffentlicher – sozialethischer, politischer, interreligiöser usw. – Verständigung hingegen ignoriert, bleibt die Relevanz des Themenfelds Religion(en) unterbeleuchtet. Eine solche Positionierung würde sich der gesellschaftspolitisch gewichtigen, bildungspolitischen Zielvorgabe entziehen, die Heranwachsenden auf den selbstständigen Umgang mit religiöser, kultureller und wertebezogener Pluralität hin zu bilden.

Es ergibt sich folglich als zwingende bildungspolitische Aufgabe, sicherzustellen, dass im Rahmen der öffentlichen Bildung die religiöse Dimension der Frage nach individueller und gesellschaftlicher Lebensorientierung und nach der gesellschaftlichen und politischen Auseinandersetzung um Grundlagen des friedlichen Zusammenlebens thematisiert sowie der produktive Umgang mit interreligiösen Konfliktlagen gefördert wird.[36] Zielvorgabe kann

---

32 Vgl. Benner, Bildungsstandards und Qualitätssicherung.

33 A. a. O., 10.

34 A. a. O., 12.

35 Vgl. ebd.

36 Damit ist nicht zuletzt festzuhalten: Trotz bildungspolitisch berechtigter Auseinandersetzungen um Begrifflichkeiten wie Kompetenz, Fähigkeit und Wissen darf nicht bei einem for-

dabei nicht allein friedliche Konvivenz[37] der verschiedenen Religionen und Kulturen, verschiedener religiöser und nicht-religiöser Weltdeutungen und Orientierungsmassstäbe sein. Sondern zentrale Bedeutung gewinnen auch die komplexen Prozesse transdifferenter[38] Verflechtungen, die der individuellen Freiheit und gesellschaftlichen Pluralität ebenso entsprechen wie sie diese auch fördern.

Die Feststellung der Notwendigkeit, sich im Rahmen öffentlicher Bildung mit Religion auseinanderzusetzen, sagt zunächst noch nichts über die didaktische Struktur und das curriculare Profil einer entsprechenden Praxis aus. Mögliche Antworten hierauf müssen sich allerdings hinsichtlich der Begrifflichkeiten von Religion, Bildung, Öffentlichkeit und eben auch Theologie als einleuchtend erweisen: Hierin liegt dann auch deren religionspädagogische Orientierungsfunktion. Das innerhalb des freiheitsrechtlichen Rahmens des Schweizer Bildungskontexts realisierbare Proprium religionsbezogener Bildungsprozesse gilt es deshalb weiter zu präzisieren – nun wesentlich im Blick auf die Aufgaben und Möglichkeiten der Theologie. Zu diesem Zweck ist zunächst das in der vorliegenden Studie vertretene Verständnis von Theologie näher zu erläutern.

2.3 Zur theologischen (Mit-)Verantwortung öffentlicher religionsbezogener Bildung

Grundsätzlich hat die Legitimation jedes fachbezogenen Unterrichts an der öffentlichen Schule von zwei Seiten her zu erfolgen: Zum einen muss der Fachbereich vom Bildungsauftrag der Schule her begründet werden, zum anderen von den die Inhalte des Faches prägenden jeweiligen Bezugswissenschaften. Im Rahmen der Debatte um öffentliche religionsbezogene Bildung unterscheiden sich, je nach Gewichtung der religionspädagogischen Bezugswissenschaften, die didaktischen Herangehensweisen und Schwerpunkte

---

malen Bildungsbegriff stehengeblieben werden. So weist Benner darauf hin, dass der grössere Zusammenhang, in dem das jeweilige Curriculum steht, allzu leicht vergessen geht. Diesem gilt es Rechnung zu tragen mit bewusster Reflexion und differenzierter Beantwortung von Fragen wie: Was bedeutet gelingende Bildung? Welche Ziele visiert eine gute Allgemeinbildung an? Vgl. Benner, Die Struktur der Allgemeinbildung, 79; vgl. auch Dressler, Religiöse Bildung zwischen Standardisierung und Entstandardisierung.

37 T. Sundermeier weist auf drei Säulen von Konvivenz hin: Wir helfen einander; wir lernen voneinander; wir feiern miteinander, vgl. Sundermeier, Konvivenz.

38 Im Rahmen der Erfassung interkultureller und interreligiöser Zusammenhänge hat sich gezeigt, dass Modelle binärer Differenz zur Beschreibung und Entfaltung vorfindlicher Phänomene nicht ausreichen. In der Folge wurde von H. Breinig der Begriff der Transdifferenz entfaltet, vgl. Lösch, Begriff und Phänomen der Transdifferenz.

religionsbezogener Bildung. Grundsätzlich lässt sich zwischen religionswissenschaftlichen, sozialethischen und theologischen Zugängen differenzieren, wobei diese im besten Fall aufeinander bezogen sind bzw. sich wechselseitig bereichernd ineinandergreifen. Als allen didaktischen Zugängen gemeinsame Zielperspektiven lassen sich nennen: Die Vermittlung kognitiver Inhalte, die Bildung einer reflektierten religionsbezogenen Selbst- und Fremdwahrnehmung, die Erarbeitung unterschiedlicher Deutungsweisen von Religionen sowie die Einübung in religionsbezogene Artikulations- und Kommunikationsfähigkeiten.

Hier kommt nun sinnvollerweise die Theologie als Bezugswissenschaft in ihrer Relevanz und ihrer *differentia specifica* ins Spiel. Diese steht im schweizerischen Kontext, aber keinesfalls nur hier, vor einer grundlegenden Legitimationsaufgabe. Einer solchen theologischen Perspektive wird – dies zeigen manche Debatten um religiöse Bildung im Schweizer Kontext – durchaus gewisses Misstrauen im Sinn eines dogmatisch ausgerichteten, kirchenaffinen und damit tendenziell indoktrinierenden Überwältigungsverdachts entgegengebracht.[39] Diese Wahrnehmung mag angesichts einer lange und oftmals auch pädagogisch defizitären Tradition religiöser Unterweisung nicht unberechtigt, wenn auch allzu einseitig sein. Eine solche Einschätzung verkennt, dass sich der theologische Zugang zu Fragen religionsbezogener Bildung längst sehr viel weiter entwickelt hat. Religionspädagogik zeichnet sich demzufolge nicht nur durch ihren dialogisch-kritischen Bezug zur Pädagogik aus, sondern in ihrem Charakter als theologische Disziplin kommt zugleich zur Geltung, «dass ihr Movens […] dem christlichen Menschenbild und Wirklichkeitsverständnis entspringt.»[40]

Dies zeigt sich übrigens auch für den konfessionellen Religionsunterricht selbst[41], insofern dieser die Prinzipien von Subjektorientierung und individueller Mündigkeit längst bildungstheoretisch fundiert hat[42], sich in konzeptioneller Hinsicht als konstruktiver Beitrag zu religiöser Pluralität sowie in inhaltlicher Hinsicht als zivilgesellschaftlich hilfreicher Beitrag zum Umgang

---

39 Vgl. z. B. Frank/Jödicke, Öffentliche Schule und religiöse Vielfalt.

40 Schröder, Religionspädagogik, 268. Wichtig ist an dieser Stelle der von Schröder mitgeführte Hinweis, dass analog dazu auch eine muslimische und jüdische Religionspädagogik von einem je eigenen und bestimmten Wirklichkeitsverständnis geprägt sind. Von dieser Einsicht aus ergeben sich für die bildungstheoretische Erörterung interreligiösen Lernens mindestens indirekt bereits Verständigungsmöglichkeiten der unterschiedlichen Religionen und deren Theologien, vgl. a. a. O., 269.

41 Exemplarisch Rat der EKD, Christlicher Glaube und religiöse Vielfalt in evangelischer Perspektive.

42 Vgl. Biehl, Gottebenbildlichkeit; Biehl/Rothgangel, Hat die Rede von Konzeptionen noch ihr Recht?

mit den Herausforderungen von Heterogenität[43] und Bildungsgerechtigkeit[44] versteht.

Es stellt sich nun aber die grundsätzliche Frage, wie sich das Potenzial einer solchen theologischen Perspektive und deren Relevanz für eine öffentliche religionsbezogene Bildung fassen lässt. Konkret ist zu erörtern:

- in welchem Sinn theologisch mitverantwortetes Lernen zur Profilierung und allgemeinbildenden Qualität religionsbezogener Bildung im öffentlichen Schulkontext beiträgt,
- inwiefern eine theologisch aufgeklärte und sensible Religionspädagogik auf multireligiöse Konvivenz hin ausgelegte Unterrichtsprozesse spezifisch fördern kann, und
- inwiefern eine theologisch mitverantwortete (inter-)religiöse Ausbildung gerade auch für Lehrpersonen im Kontext interreligiös und/oder religionskundlich ausgerichteter Religionsunterrichts-Modelle – wie des ERG-Unterrichts, aber auch weit darüber hinaus – eine legitime und relevante Bedeutung spielen kann und sollte.

Die plausible Beantwortung dieser Fragen ist dabei nicht nur bildungspolitisch und allgemeinpädagogisch notwendig, sondern liegt auch in Bezug auf interreligiöses Lernen in genuin theologischem und fachdidaktischem Interesse. Im Blick auf die im Folgenden stark gemachte theologisch-religionspädagogische Perspektive und die damit verbundenen Reflexionen seien deshalb in diesem Kapitel einige grundsätzliche Bemerkungen vorangestellt.

Diese Bemerkungen verankern sich dabei – aufgrund ihres Anspruchs auf öffentliche Relevanz – bewusst inmitten der Pluralität unterschiedlicher Weltanschauungen und dies schliesst auch nichtreligiöse bzw. religiöse indifferente und säkulare Weltanschauungen bewusst mit ein. Sich theologisch verortende Reflexionen sind heute prinzipiell nicht ohne den Blick auf den Aspekt des wechselseitigen Dialogs der verschiedenen Religionen und Weltanschauungen, auf den Aspekt des wechselseitigen Dialogs zwischen eigener Positionierung und öffentlichen Debatten sowie auf den Aspekt des wechselseitigen Dialogs der den verschiedenen individuellen Perspektiven zugrunde liegenden Theorien und Theologien[45] zu formulieren.[46]

---

43 Vgl. Grümme, Heterogenität in der Religionspädagogik; Schlag, Human Rights Education.

44 Vgl. Grümme/Schlag, Gerechter Religionsunterricht.

45 Wird der Begriff der Theologie im Plural, auf nicht-christliche Religionen bezogen, verwendet, stellt sich die Frage, ob es sich bei den Reflexionsbewegungen anderer Religionen um «Theo»-logien handelt und ob überhaupt eine Bezugs-«Wissenschaft» im westlichen Sinn existiert. Insofern ist es hier sachdienlich, nicht vorschnell einen Theologiebegriff auf unterschiedliche Religionen und deren Reflexionskulturen zu übertragen. Andererseits ist darauf

Eine bildungstheoretisch begründete religionsbezogene Bildung in der Schule beinhaltet dabei zugleich eine differenzierte Betrachtung dessen, was als «Religion» zu bezeichnen ist: Der religionsbezogene Weltzugang in der Schule muss sich eben nicht automatisch mit der Semantik decken, wie sie im privaten Leben oder in religionsgemeinschaftlichen Teilöffentlichkeiten wie der Familie, der Peer-Group oder einer religiösen Gemeinschaft ausserhalb der Schule erfahren und gelebt wird.[47] Was eine solche Unterscheidung für potenzielle religionsbezogene Bildungsinhalte konkret zur Folge hat, muss sowohl in theoretischer wie in praxisbezogener Hinsicht, also sowohl im Modus einer theologischen Bildungstheorie wie auf der Ebene der religionspädagogischen Reflexion durchdacht werden.

Zu unserem eigenen Selbstverständnis sei hier mitgeteilt: Wir sind sowohl akademisch wie auch persönlich sozusagen im Kontext christlicher Theologie «verankert». Von daher ergibt sich unsere Intention, in Verantwortung vor dieser Tradition einen dialogischen, lebensdienlichen Austausch über «gelebte Religion» zu befördern. Mit dieser Selbstpositionierung als AutorInnen ist kein Superioritätsanspruch verbunden. Vielmehr verstehen wir uns im vorliegenden Zusammenhang als diskursorientierte und -ermöglichende theologisch-pädagogische «ÜberzeugungstäterInnen», die vor dem Hintergrund

---

hinzuweisen, dass mindestens für den Bereich des Islam und des Judentums in Hinsicht auf wissenschaftliche Zugänge und auch das Selbstverständnis der damit verbundenen Ausbildungsstätten inzwischen fast selbstverständlich von einer jüdischen und einer islamischen Theologie die Rede ist, so etwa im Blick auf die Etablierung von Instituten und Lehrstühlen für Jüdische Theologie in Potsdam oder für Islamische Theologie an einer Reihe von deutschen Universitätsstandorten.

46 Damit liegt der Ansatz der vorliegenden Studie sowohl in Hinsicht auf die Wahrnehmung der aktuellen religionspluralen Situation wie auch im Blick auf Überlegungen zu einer didaktischen Form des Religionsunterrichts «zwischen» Religionskunde und konfessionellem Unterricht in gewisser sachlicher Nähe zu U. Riegels Ansatz eines religions-kooperativen Religionsunterrichts in konfessorisch-dialogischer/-theologischer Perspektive, gerade was die von ihm hervorgehobene existenzielle Dimension religiösen Lernens angeht. Allerdings wird ein mögliches neues Modell des Religionsunterrichts aufgrund des institutionellen Kontexts in der Schweiz in der vorliegenden Studie noch einmal anders durchbuchstabiert, v. a. was den Aspekt der Mitverantwortung der Kirchen und Religionsgemeinschaften und auch der konfessionellen Verortung der Lehrpersonen selbst betrifft, vgl. Riegel, Wie Religion in Zukunft unterrichten?

47 Die Differenzierung Englerts zwischen Kirchenreligion und Schulreligion leuchtet insofern nur bedingt ein, vgl. Englert u. a., Religionspädagogik in der Transformationskrise, 53. Angemessener erscheint vielmehr eine Differenzierung zwischen privater Religion, öffentlicher Theologie und öffentlich-religionspädagogischer Theologie – wobei letztere Teilgebiet der zweiten wäre, allerdings mit einer spezifischen Sensibilität für die pädagogischen Herausforderungen.

eines bestimmten Wahrheitsverständnisses ihre eigenen bildungstheoretischen Reflexionen als immer wieder neue Suchbewegungen verstehen.[48]

2.3.1 Zum hier vertretenen Verständnis von Theologie

Unter «Theologie» als Wissenschaft wird klassischerweise die Interpretationspraxis bestimmter religiöser Überlieferungen in besonderer Hinsicht auf die darin manifest werdende Rede von Gott verstanden. In der Geschichte der christlichen Theologie hat sich dies von ihrer Frühzeit an durch intensive Dogmen- und Schulbildungen zu den zentralen Inhalten des christlichen Glaubens manifestiert. Dabei hat sich die christliche Theologie spätestens seit der Etablierung des mittelalterlich-europäischen Universitätssystems dezidiert als akademische Wissenschaft mit gleichzeitigem fundamentalem Bezug auf die Kirche als Glaubensanstalt verstanden. Bei allen philosophischen Denkbemühungen waren die Theologien und Theologen eindeutig in einem bestimmten kirchlich-konfessionellen Bezug verankert. Dies gilt, wenn auch in einer bestimmten institutionskritischen Spielart, auch für die reformatorischen theologischen Entwicklungen. Spätestens seit dem späten 18. Jahrhunderts befasst sich die Theologie intensiv mit der Spannung zwischen Traditions-, Institutions- und Subjektbezug, woraus sich zunehmend ein eigenständiges Wissenschaftsverständnis dieser akademischen Disziplin über exklusiv-konfessionalistische Bezugnahmen hinaus entwickelte. Gleichwohl blieb das Ziel der Pflege des spezifischen Wahrheitsbewusstseins der kirchlichen Glaubensgemeinschaft Voraussetzung dafür, dass dogmatische Theologie bei aller notwendigen wissenschaftlichen Strenge überhaupt konsistent betrieben werden konnte.[49] Nach einer Epoche, in der Theologie vornehmlich als Wissenschaft vom Wort Gottes verstanden wurde[50], hat sich mindestens auf protestantischer Seite längst ein Verständnis von akademischer Theologie als analytischer und hermeneutisch-interpretierender Wissenschaft etabliert, die alle normativen Ausgangspunkte immer wieder mindestens der kritischen Prüfung unterzieht. Akademische Theologie ist entsprechend keineswegs primär als Funktion von Kirche zu verstehen und zielt auch nicht in erster Linie auf die Ausformulierung bestimmter Satzwahrheiten des christlichen Glaubens ab. Vielmehr eröffnet sie durch ihre Deutungen den Horizont relevanter Lebensthemen in spezifischer Weise, indem sie diese in den Zusammenhang dessen, was den Einzelnen unbedingt angeht stellt und zugleich die Welt entgegen des common sense «etsi Deus daretur» – «als ob es Gott ge-

---

48 Vgl. Schlag, The Public Church and Public Religious Education.

49 Schleiermacher, Der christliche Glaube, §19.

50 Vgl. Barth, Wort Gottes.

be» – betrachtet.[51] Theologie lebt insofern einerseits von der Voraussetzung einer solchen doppelten Grundannahme der menschlichen Sehnsucht nach Transzendenz[52] und zugleich der möglichen Existenz Gottes: Von dort aus ist zu betonen, dass christliche Theologie keine Geheimwissenschaft ist[53]: Vielmehr gilt – und dies legitimiert sowohl ihren Platz inmitten der akademischen Wissenschaft wie ihren öffentlichen Deutungsanspruch: «Theologie knüpft zwar stets an bestimmte Glaubens-traditionen an, bleibt aber nicht auf diese beschränkt, sondern ist allen zugänglich, die von ihrer Vernunft auch im Bereich von Religion und Glaube öffentlich Gebrauch zu machen gewillt sind. Und sie stellt ihre Resultate öffentlich zur Diskussion, indem sie diese nicht autoritär, sondern argumentativ vertritt und die Geltung ihrer Einsichten nicht auf ihre Herkunft und Genese, sondern auf die Nachvollziehbarkeit und Überzeugungskraft ihrer Argumente gründet.»[54] Gerade deshalb kann sie sich als diskursoffene und öffentlich auskunftsfähige Deutungspraxis religionsbezogener Inhalte und deren existenziellem Bezug verstehen. Theologie als Wissenschaft setzt sich folglich bewusst dem öffentlichen Diskurs über diese Grundannahmen aus und stellt die eigenen Deutungsansprüche immer wieder neu auf den Prüfstand.

Über dieses Verständnis akademischer Theologie ist eine zweite wichtige Begriffsbestimmung von Theologie zu benennen. Insbesondere im englischsprachigen Raum hat sich in jüngerer Zeit die Rede von «doing theology» etabliert: Dieses «doing» bezieht sich zum einen auf eine bestimmte wissenschaftliche Praxis, insofern Theologie als «kulturelle Produktion» und als «materialer sozialer Prozess»[55] bezeichnet wird. In diesem Zusammenhang werden auch Anknüpfungspunkte zwischen wissenschaftlicher Theologie und deren öffentlich-kontextuellem Charakter als «public theology»[56], hergestellt, was auch für unsere Studie höchstrelevant ist. Zugleich gilt gerade aufgrund der immer unterschiedlichen kontextuellen Ausgangsbedingungen theologischen Denkens, dass Theologie als «doing theology in the public area»[57] sich im idealen Fall von jedweder Ideologie unterscheidet, insofern sie sowohl

---

51 Vgl. Dalferth, Vor Gott gibt es keine Beobachter, 56.

52 Vgl. Joas, Braucht der Mensch Religion?; ders., Glaube als Option.

53 Vgl. Dalferth, Vor Gott gibt es keine Beobachter, 36.

54 Vgl. Dalferth, Vor Gott gibt es keine Beobachter, 53.

55 Vgl. Tanner, Theories of Culture, 63.72.

56 «Public theology can be described as ‹theology turned inside out›. It is a dynamic style of doing theology, rather than a distinctive academic discipline», so de Lange, Public Theology and Health Care, 326; vgl. etwa auch Forrester, Theological Fragments; Mannion, A brief genealogy of public theology.

57 De Gruchy, From Political to Public Theologies, 53.

kritisch sich selbst gegenüber ist wie auch offen gegenüber anderen Weltsichten ist. Denn im «doing theology» steckt immer ein menschliches und subjektives Moment, so dass keine Theologie ein Wahrheitsmonopol für sich beanspruchen kann und all ihre Aussagen korrektur- und modifikationsoffen sind: «Theological commitment does not mean a closed mind.»[58] Als solche befindet sich Theologie immer zugleich im Spannungsfeld divergierender Handlungs- und Denkweisen.

Zum zweiten kommt im «doing theology» zum Ausdruck, dass Theologie als Rede von Gott auch jenseits akademischer Reflexion seinen alltäglichen, legitimen und existenziell bedeutsamen Ort hat. Unter dem Signum einer «ordinary theology»[59] zeigt sich hier Theologie als kontextuell mitbestimmtes und existenzielles, durchaus auch weisheitliches und sogar prophetisches Fragen im Sinn der persönlichen Orientierung und Horizonterweiterung. In jüngerer Zeit ist im deutschsprachigen Raum explizit – wenn auch nicht ohne Missverständnisse und berechtigte Rückfragen – von einer Praxis des Theologisierens die Rede.[60] Theologie setzt diesem Verständnis zufolge unter den kommunizierenden Akteurinnen und Akteuren keine feste Glaubenserkenntnis oder gar die persönliche Bindung an eine bestimmte Religionsgemeinschaft voraus. Sondern sie geht von den Potenzialen der religiös konnotierten, erfahrungsbasierten Suche nach Erkenntnis und nach einem besseren Verstehen dessen aus, was die Rede von Gott in ihrer möglichen Bedeutung für die Lebenswirklichkeit beinhalten und ausmachen könnte. Ein solcher «alltäglicher» theologischer Kommunikations- und Reflexionsmodus wirft die Frage nach dem Verhältnis von Religion und Theologie auf – denn nicht zu Unrecht könnte man eine solche Sinnsuche ja auch unter dem Signum individueller religiöser Praxis bzw. «gelebter Religion» verbuchen. Wie stellt sich dieses Verhältnis also unter den erfolgten Annahmen dar?

2.3.2 Religion und Theologie

Tatsächlich kann man individuelle religionsbezogene Suchbewegungen und Selbstverortungen als Ausdruck gelebter Religion bezeichnen.[61] Religion ist die konkret fassbare, kontextuell und biografisch geprägte Dimension der *conditio humana*, die sich mit den urmenschlichen Sinnfragen des «Woher?», «Wozu?» und «Wohin?» beschäftigt. In dieser Hinsicht stellt Religion sowohl in seinen individuellen wie öffentlichen Ausdrucksformen ein bildungs-

58 Parratt, A Guide to Doing Theology, 101.

59 Astley, Ordinary Theology; ders./Francis, Exploring Ordinary Theology.

60 Vgl. etwa Schlag/Roose/Büttner, «Was ist für dich der Sinn?».

61 Vgl. Gräb/Charbonnier, Wer lebt mich?; Grözinger/Pfleiderer, «Gelebte Religion».

theoretisch höchst relevantes Phänomen dar. Auf den ersten Blick mag es nun den Anschein haben, als ob sich die mit dieser Religionspraxis verbundenen Phänomene religionstheoretisch und religionswissenschaftlich schon umfänglich identifizieren und beleuchten lassen. Allerdings eröffnet ein theologischer Zugang zu den Phänomenen «gelebter Religion» die weiterreichende Möglichkeit, diese in reflektierender, hermeneutisch-kritischer Weise zu beleuchten und zu thematisieren.[62] Wir gehen folglich von einem Verständnis von Theologie als Reflexion über religiöse Praxis und damit als höchst aufschlussreiche Interpretation individueller und gemeinschaftlicher religionsbezogener Verortungspraktiken und Weltsichten aus. Die Anschlussfähigkeit für die theologische Deutung liegt zudem darin, dass jede religiöse Praxis immer schon gewissermassen eine subjektive Theologie mit sich führt bzw. für die theologische Reflexion mindestens anknüpfungsfähig ist. Diese Praxisrelevanz kann als wesentliche Funktion und Aufgabe von Theologie überhaupt bestimmt werden: Sie interpretiert «alle Phänomene menschlicher Selbst-, Welt- und Gotteserfahrung coram Deo» und knüpft dabei «an Phänomene an, die ihrerseits schon Interpretationsstruktur besitzen».[63]

Dafür stellt Theologie inhaltliche Perspektiven und Sachgehalte bereit, ohne deren Thematisierung Religion kaum sachangemessen zur Sprache kommen würde. Sie tut dies, indem sie die historisch-kritische Beschäftigung mit tradierten Inhalten und der Interpretations- und Gestaltungspraxis der einzelnen Religionen betreibt. Theologie lässt sich damit als theoretisch fundierte und praxisorientierte Religionshermeneutik verstehen. Sie bildet einen Referenzrahmen für das Wahrnehmen, Deuten und Agieren mit Religion. Wissenssoziologisch lässt sich Theologie damit als Praxis der theoretischen und praktischen Wahrnehmung, Würdigung und Reflexion religionsbezogener Seinskonzepte und Sachzusammenhänge fassen.

Bezogen auf das Phänomen individualisierter religionsbezogener Verortungen und den damit einhergehenden Phänomenen öffentlicher, kontextgebundener Kommunikation nimmt Theologie dadurch zugleich eine intermediäre Funktion zwischen dem privatem Raum des Individuums und der Öffentlichkeit ein. Das theologische Verstehen bezieht sich hier folglich auf die individuelle und die öffentliche Relevanz bzw. die Auswirkungen religiöser Denk- und Handlungsformen in ihren Chancen und Gefahren – dies ist als

---

[62] «Nicht nur die Religionswissenschaft, sondern auch die Theologie [ist] eine Form der Distanzierung von gelebtem Glauben», insofern sie beide reflektierende Wissenschaften sind, Dalferth, Theologie im Kontext der Religionswissenschaft, 4.

[63] Dalferth, Evangelische Theologie als Interpretationspraxis, 61f.

Beitrag zur Aufklärung über Religion und zugleich als Beitrag zu kritischer, religionsbezogener Bewusstseinsbildung zu verstehen.

In dem Mass, in dem wissenschaftliche Theologie in der Lage ist, auf die subjektive Theologie der individuell und gemeinschaftlich gelebten Religion kritisch und konstruktiv Bezug zu nehmen, erweist sie ihre eigene religionspraktische Relevanz und erlangt dadurch – weit über die akademisch verortete Reflexionstätigkeit hinaus – auch eine religionsdidaktisch wesentliche Funktion: Sie bietet den je individuellen religionsbezogenen Selbstverortungen überindividuell konstruierte und inhaltlich fassbare Sprach- und Kommunikationsoptionen an. Diese können zugleich am Ort des Individuums zu Ausgangsmomenten der Selbstdeutung und -verortung werden. An den damit verbundenen theologischen Bildungsgehalten kann sich die individuell-religionsbezogene Selbstverortung – und damit das individuelle Welt-, Selbst- und Sinnverständnis – frei orientieren. Hierin zeigt sich die bildungstheoretische bzw. religionsdidaktische Zielrichtung theologischer Deutungspraxis.

Als theologische Erkenntnis- und Sprachpraxis ist sie per se dialogisch ausgerichtet. Und wir gehen davon aus, dass Jugendliche zu solchen existenziellen Annäherungen in der Lage und bereit sind. An der Theologie – als gewachsener, wachsender und selbst kontextueller Deutungspraxis – findet die religionsbezogene Selbstverortung ein inhaltsbestimmtes Gegenüber, an dem entlang sie sich entfalten kann, sowohl in Unterscheidung zu anderen individualisierten religionsbezogenen Verortungen als auch im Horizont gemeinsam gelebter Religion.

Bildungstheoretisch befinden sich Theologie und individualisierte Religion damit in einem dialektischen Verhältnis: In Bezug auf die wissenschaftliche Theologie ist das Verhältnis von Religion und Theologie als wissenschaftlicher Theorie asymmetrisch. Ohne Religion gibt es keine wissenschaftliche Theologie. Umgekehrt kann es durchaus Religion ohne wissenschaftliche Theologie geben. Allerdings würde in diesem Fall eine wesentliche Perspektive des mündigen und kritischen Verstehens verloren gehen. Religion und Theologie sind folglich weder zu identifizieren noch gegeneinander auszuspielen, sondern immer wieder neu aufeinander zu beziehen.[64]

---

64 Vgl. Meyer-Blanck, Praktische Theologie und Religion, 357. Er bezeichnet «Theologie allgemein […] als diejenige Theorie […], welche die Theorie der Rede über Religion und die Theorie der religiösen Rede voneinander zu unterscheiden und aufeinander zu beziehen weiss», ebd., 353.

2.3.3 Eine doppelte Interpretationsperspektive

Theologie wird also für den vorliegenden Zusammenhang interreligiösen Lernens in dieser doppelten Perspektive einer einerseits *akademischen* und andererseits einer *alltäglich verorteten* individuellen Reflexions- und Kommunikationspraxis verstanden. In dieser doppelten Perspektive kommen inhaltlich gesehen Aspekte wie Gotteslehren und Gottesbilder, Wahrheitsansprüche und die ethische Frage nach dem Guten, Menschenbilder und die Frage nach der Menschenwürde, persönliche Sinnfragen sowie Aspekte gesellschaftlich-politischer Relevanz ins Spiel. Wie oben gesagt, lassen sich in religionsbezogener Hinsicht die Transzendenzfragen nach dem Woher, Wozu und Wohin der menschlichen Existenz als Kern des Verstehens ansehen. Die theologisch grundierte Rede von Gott wird dabei als Möglichkeit der Deutung dieser Existenzfragen verstanden, deren mögliche Wirklichkeit aber immer erst durch eine inhaltsbezogene Reflexionspraxis ergründet werden kann. Die Praxis des Theologisierens besteht folglich darin, den möglichen Dimensionen theologischer Erkenntnissuche auf die Spur zu kommen, ohne dabei selbst von einer eigenen religiösen Glaubenshaltung ausgehen zu müssen noch zu einem eigenen Bekennen bzw. Bekenntnisakt aufgefordert zu werden. Gleichwohl kann durch die eigene Reflexionstätigkeit durchaus auch die eigene persönliche Orientierungssuche bereichert werden.

Auf einen weiteren Aspekt sei hier eingegangen: Von mancher Seite wird die Theologie in kritischer Weise als partikulare Perspektive apostrophiert, «die zumindest durch den vergleichenden Blick auf andere Partikularitäten relativiert bzw. ergänzt werden muss».[65] Theologische Wahrheitsansprüche, so die Kritik an einer bestimmten substanziellen Fassung von Theologie, zeigen sich – insofern «Präferenzentscheidungen auf diesem Gebiet Privatsache sind» – als «im öffentlichen Raum nicht konsensual entscheidbar». Theologie wird damit insgesamt als «nicht deutungsmächtig»[66] erachtet, «insofern der öffentliche bzw. allgemeine Nutzen theologischer Einsichten fraglich ist». Solche kritischen Rückfragen an den Deutungsmachtcharakter der Theologie sind zwar nicht von der Hand zu weisen und in jedem Fall immer wiederum kritisch mitzubedenken, wenn die theologische Perspektive für öffentliche Bildungs- und Kommunikationspraktiken stark gemacht wird. Sie verweisen aber unseres Erachtens gerade auf die Notwendigkeit einer religiösen Bildung, die zwar *nicht exklusiv nur durch* Theologie, aber *gleich-*

---

[65] Vgl. zum Folgenden Schröder, Theologische Bildung im öffentlichen Raum, 163.

[66] Vielmehr wird sie ihrerseits «Objekt von Deutungsmacht [...] im öffentlichen Diskurs», wobei als ein Instrument solcher «Depotenzierung» der Rekurs auf Religionswissenschaft anzusehen ist, Stoellger, Deutungsmachtanalyse, 44.

wohl eben auch durch sie verantwortet wird und deren Bildungsinhalte es im Dialog mit der Öffentlichkeit immer wieder neu durchzubuchstabieren und mit Leben zu füllen gilt.

2.3.4 Dialogischer Religionsbegriff

Vor diesem Hintergrund fungiert Theologie zunächst nicht als inhaltliche, sondern als hermeneutische Kategorie. Damit geht allerdings in keiner Weise die Irrelevanz theologischer Inhalte einher. Gerade im Rahmen eines dialogischen Religionsbegriffs wird der substanzielle Bezug zur Theologie und der Rückbezug auf deren Erkenntnisse freiheitsrechtlich möglich. Eine inhaltsbezogene theologische Reflexionspraxis muss sich dabei selbst als differenzoffen und pluralitätsfähig erweisen. Dies bedeutet, dass beispielsweise eine christlich verortete Theologie sich durch die bewusste Bereitschaft auszuzeichnen hat, auch die Wirklichkeits- und Wahrheitsdeutungen anderen Theologien wahrzunehmen und in deren Eigenrecht anzuerkennen. Dies verbindet sich mit einem wiederum theologisch grundierten Freiheitsverständnis, das pädagogisch gesehen die mündige Beschäftigung mit religionsbezogenen Verortungen und Überzeugungen unterschiedlichster Herkunft ermöglicht bzw. befördert. Im Blick auf Bildungsziele und Bildungsinhalte ist die Auseinandersetzung mit unterschiedlichen Wahrheiten bzw. Konfessionen insofern sowohl in akademischer wie in didaktischer Hinsicht sachnotwendig und auch öffentlich notwendig.

Damit ist die Ansicht, dass man von Religion als einem Allgemeinen sprechen könnte, mindestens in Zweifel zu ziehen. Denn ein solches Allgemeines gibt es nie an sich, sondern dieses stellt immer eine Konstruktion dar, die zwangsläufig aus einer je besonderen Perspektive entworfen wird. Insofern ist mit der Unterscheidung von Religion einerseits und verschiedenen Perspektiven auf Religion andererseits eine epistemologische Einsicht impliziert: Die Perspektive auf das Phänomen Religion ist immer auch konstitutiver Teil des Phänomens pluraler Religionsperspektiven. Die Auseinandersetzung mit unterschiedlichen religiösen Wahrheiten setzt somit ein bewusstes Einverständnis bestehender Religionspluralität voraus und aus sich heraus.

Innerhalb religionsbezogener Bildungsprozesse führt dieses Verständnis von Theologie als intermediärem Referenzrahmen gerade nicht zu einer Perspektivverengung, sondern zu einem erheblichen Freiheitsspielraum für die intellektuelle und individuelle Deutung. Dies trägt so zu einer auf die Pluralität der Religion hin ausgerichteten öffentlichen religionsbezogenen Bildung bei: Religionsbezogene Bildung, die sich ihrer stets impliziten Perspektive auf den Gegenstand des Religiösen bewusst ist, nimmt inneren und äusseren religiösen Pluralismus ernst. Dazu sollen sich die zu Bildenden im Sinn einer sach- und selbstkritischen Wahrnehmung und Würdigung frei verhalten können. Jegliche offen dargelegte perspektivierte Profilierung auf der Sachebene schränkt die Schüler – und auch die in Ausbildung befindlichen Lehrpersonen! – in ihrer Religionsfreiheit gerade nicht ein. Sondern dies stellt eine sinnvolle Möglichkeit dar, didaktisch die Grundlage dafür zu schaffen, ihnen religiöse Freiheit im öffentlichen Raum strukturell gesichert garantieren zu können.

Religionsbezogene Bildung ist dann gleichsam Lernen *an* Theologie *über* Religion und *von* Religion. *Über* angesichts der Tatsache, dass sie aus *gesellschafts- und bildungspolitischen* Gründen den religiösen Pluralismus in seiner substanziellen Variationsbreite zum Inhalt ihrer Bildungsprozesse hat. *Von*, insofern sie aus *religions- und bildungstheoretischen* Gründen den zu erfassenden Sachverhalt Religion nicht nur von aussen betrachtet, sondern sich dem Sinn- und Dialogpotenzial von Religion anzunähern versucht. Indem sich religionsbezogene Bildung bezüglich ihrer inhaltlichen Ausrichtung, also der Auswahl und Erschliessung von Lerninhalten, an individualisierten, kontextuell konkret wahrnehmbaren Religionspraktiken ausrichtet, erlangt sie ihre Deutungskraft im Blick auf gelebte Religion.

Insofern sich eine Religionsdidaktik sowohl von den individuellen Ausgestaltungen wie von der öffentlichen Relevanz von Religion her entwickeln muss, ist es dann auch adäquat, den Religionsbegriff *zunächst* nicht substanziell an – beispielsweise christlicher – Theologie und einer entsprechenden religiösen Praxis auszurichten. Vielmehr ist der Religionsbegriff in seinem dialogischen Charakter, also entlang der Dynamik religionsbezogener Identität und öffentlicher – sozialethischer, politischer usw. – Kommunikation und Verständigung zu entfalten. Nur dann wird dem religiösen Pluralismus in seiner individuellen wie öffentlichen Bedeutung Rechnung getragen.

Dies beinhaltet zugleich eine gesellschaftlich relevante Zukunftsperspektive, insofern durch eine solche Bildung kritische Gestaltungspotentiale gestärkt werden können. Auch dies ist wesentlicher Bestandteil einer sich als öffentlich verstehenden Theologie. Dies schliesst den Aspekt eines dialogisch-konstruktiven Umgangs mit konflikthaften Wahrnehmungen und Praktiken von Religion mit ein – etwa wenn gefragt wird: Wo sind aus theologischer Sicht im Blick auf bestimmte Religionsverständnisse Grenzen zu ziehen, wo ist eine bestimmte religiös motivierte Haltung aus theologischer Sicht nicht mehr zuträglich und nicht vertretbar?

2.3.5 Theologisch einzuübende Sprachfähigkeit in religionsbezogener Hinsicht

Von hier aus gilt es die Beziehungen zur methodisch und reflexiv verantworteten theologischen Sprachfähigkeit und Bildung noch weiter zu präzisieren. In einer auch für die Pädagogik interessanten Hinsicht ist es vor allem die Sprache, die unser Wissen über die Welt bestimmt. Die Struktur und das funktionale Gefüge von Sprache sind das im Alltag wohl wirkungsvollste Instrument, mit dem wir unsere Wahrnehmungen ordnen, und so aus der Fülle von externen Informationen eine interne Weltdeutung konstruieren. Wissenssoziologisch auf den Punkt bringen lässt sich dies mit dem Bild, dass zwei Menschen verschiedenen kulturellen Hintergrunds sich geografisch am selben Ort befinden können, trotzdem aber in höchst unterschiedlichen Sprach- und Vorstellungswelten leben. Und umgekehrt gilt ebenfalls: Ein unterschiedlicher kultureller Hintergrund muss keineswegs ausschliessen, dass man sich auf sprachlicher Ebene miteinander verständigen kann. Konkret gesprochen mag es etwa so sein, dass Jugendliche je nach eigener Prägung sehr verschiedene Arten und Weisen haben, von Gott zu sprechen. Und doch ist es gerade unter diesen pluralen Voraussetzungen notwendig und möglich, über diese Expressionen selbst wiederum in ein gemeinsames Gespräch einzutreten. Die didaktische Kategorie des «Perspektivenwechsels» ist insofern in der Zielperspektive wechselseitigen Sich-Artikulierens, Sich-Hörens und Sich-Verstehen-Wollens durchzubuchstabieren. Zugleich kann ein solcher Perspektivenwechsel, wenn er konsequent religionsdialogisch verstanden wird, zugleich eine Haltung von Empathie und Compassion befördern. Vor diesem Horizont macht die Rede von einem dialogischen Religionsbegriff umso mehr Sinn. Religionsbezogene Bildung stellt insofern selbst ein Transformationsgeschehen[67] dar und dient der Bildung zur Sprachfähigkeit. Diese basiert auf einer Verbindung individueller Sprachpraxis mit einer theologisch grundierten Verstehens- und Sprachpraxis. Dies eröffnet dann auch – wir werden darauf zurückkommen – Perspektiven für ein «inter» der sprachlichen Verständigung.

---

67 Vgl. dazu in allgemeinpädagogischer Perspektive Koller, Bildung anders denken.

2.3.6 Theologische Aufgabenfelder im Rahmen religionsbezogener Bildung[68]

Als Zielformulierung öffentlicher religionsbezogener Bildung ist festzuhalten, dass sie die individuelle religionsbezogene Verortung in Kontakt mit deren theologischer Deutungspraxis bringt. Mit Heranwachsenden gilt es insofern nicht nur das Wechselspiel zwischen eigener und fremder Perspektive zu erkunden – wobei auch die Nicht-Existenz einer «eigenen» Perspektive als Möglichkeit mitzudenken ist. Sondern sie ermöglicht auch das Wechselspiel zwischen «eigener» und «theologischer» Perspektive als Wechselspiel unterschiedlicher Beobachtungsebenen auf den jeweiligen religiösen Gegenstand und die damit verbundenen persönlichen Gewissheiten, Fragen oder Einstellungen.

Während sich damit im Rahmen der Entfaltung des Theologiebegriffs die *Möglichkeit* der Theologie als Bezugswissenschaft öffentlicher religionsbezogener Bildung abzeichnet, ist sie in ihrer spezifischen *Notwendigkeit* näher zu bestimmen. Vor dem Hintergrund der rechtlichen und politischen, bildungspolitischen und pädagogischen Rahmenbedingungen des schweizerischen öffentlichen Bildungskontexts und ihrer Verankerung im staatlichen Universitätssystem ist die Theologie im Blick auf verschiedene Funktionen für religiöse Bildung nicht nur pädagogisch zweckdienlich, sondern zugleich sachnotwendig – und dies in einer Reihe von unterschiedlichen Hinsichten:

Identifizierung von Bildungsgehalten

Die zeitlich *vor* jedem Bildungsprozess zu beantwortende Frage, welche spezifischen Bildungsgehalte der Religionsthematik als persönlich relevantes und öffentliches Bildungsgut anzusehen und in welcher Weise diese zu thematisieren und diskutieren sind, stellt eine theologische Kernaufgabe religionsbezogener Bildung inTheorie und Praxis dar. Auch andere religionspädagogische Bezugswissenschaften stehen vor der Herausforderung, die Rahmenbedingungen und aktuellen Dynamiken individuellen Lebens und gesellschaftlicher Öffentlichkeit zu eruieren, um relevante Bildungsinhalte zu identifizieren, so etwa aktuelle politische Debatten und Konfliktlagen sowie brennende zivilgesellschaftliche Herausforderungen. Damit einher geht die Sondierung gegenwärtiger systematisch-theologischer, pädagogischer und religionspädagogischer Theoriebildungen. Hier hat die akademische Theologie, im Dialog mit weiteren Referenzwissenschaften, eine wesentliche hermeneutische und didaktische Schlüsselfunktion inne.

68 Die Ausführungen dieses Kapitels finden sich in ähnlicher Systematisierung und ausführlicherer Fassung in Suhner, Menschenrechtspädagogische Bezugsfelder öffentlicher religiöser Bildung.

Insofern thematisiert eine theologisch (mit)verantwortete Religionspädagogik religionsbezogene Sachgehalte im Horizont persönlicher Lebensentwicklung sowie der gesellschaftlich-institutionellen Rahmenbedingungen des öffentlichen Bildungswesens. Als solche sowie als akademisch verantwortete Wissenschaft ist sie im fortwährenden Dialog mit den Erkenntnissen derjenigen universitären Bezugswissenschaften, die in unterschiedlicher Weise ebenfalls nach den Grundbedingungen des Menschseins und mindestens indirekt auch nach dem Woher, Wozu und Wohin fragen.

Theologie als Bildungsinhalt religionsbezogener Bildung

Religionsbezogene Bildung thematisiert stets bestimmte Religionen.[69] Dieser Fokus auf Religion(en) ist eine notwendige, aber nicht hinreichende Bedingung religionsbezogener Bildung. Zum Gegenstand öffentlicher religionsbezogener Bildung müssen auch theologische Ansichten und Formulierungen, Fragen und Diskussionen werden: Die Semantik, Pragmatik und Hermeneutik von Religion(en) religionsbezogener Bildung lebt von ihrem inhaltlichen Profil. Religionskompetenzen gehen nicht in der religionsbezogenen Thematisierung der Probleme konstitutiver Rationalität auf. Aus Perspektive der Religionspädagogik sind folglich theologische Theoreme wesentlicher Bestanteil religionsbezogener Bildung: Ansonsten würde die öffentliche Relevanz und Brisanz aller theologischen Deutungshorizonte, die gerade auch Zivilgesellschaft und Politik prägen, in unsachgemässer Weise ignoriert. Man denke hier insbesondere an Überlieferungstraditionen, die nach der Einzigartigkeit und Würde der Schöpfung und des Menschen, des Umgangs mit Leid, Trauer, des Aufrufs zu Frieden und Versöhnung oder auch mit der Hoffnung auf eine grundlegende Weltveränderung zu tun haben. So sind theologische Einsichten in ihrem spezifischen, kritisch-emanzipatorischen und so katalysatorische Wirkung entfaltenden, bildungstheoretischen Beitrag und für die Entfaltung von Religionspädagogik als Wissenschaft selbst relevant.

Die theologisch formulierten Weltzugänge und Fragen sind insofern, als Gegenstand *individueller* Reflexion, auf deren existenziell-individuelle Tragfähigkeit hin zu erörtern und prüfen. Gegenstand *öffentlicher* Reflexion und Prüfung ist indessen über die existenziell-individuelle Bedeutung von religiösen Gehalten und theologischen Traditionen hinaus die Frage nach der Kompatibilität von Religion(en) mit dem Gemeinwohl: Ob und inwiefern diese

69 Das schliesst gerade mit ein, dass von dieser einen Religion her auch andere Religionen in den Blick kommen, etwa und v. a. dann, wenn das christlich-jüdische Verhältnis, der christlich-islamische Dialog oder religionstheologische Fragen thematisch werden.

dem Leben dienlich und dem Gemeinwohl förderlich sind, ist die immer wieder neu zu stellende Frage, deren Beantwortung für die unterschiedlichen gesellschaftlichen Öffentlichkeiten von grösstem Interesse dürfte.

Von adäquater – der Sache wie deren Versprachlichung in der Öffentlichkeit angemessener – religionsbezogener Bildung darf insofern, mit Blick auf die erforderlichen öffentlichen wie individuellen Reflexionen, nur gesprochen werden, wenn materialiter religiöse und theologische Bildungsinhalte in ihrer intellektuellen, emotionalen und existenziellen Dimension wahrgenommen werden und zur Diskussion kommen.

Deutungsmächtige und deutungsermächtigende Perspektiven im Bildungsprozess

Religionsbezogene Bildung als Theorie und Praxis ist neben der durch sie thematisierten Sachinhalte über die Reflexionsperspektiven definiert, derer sie sich verpflichtet weiss. Dabei ist religionsbezogene Bildung *in sich selbst* noch einmal durch den Plural von Reflexionsperspektiven charakterisiert. Selbstredend können und sollen sich sowohl die theologische als auch die weiteren für religiöse Bildungsprozesse relevanten Perspektiven verschiedener, etwa empirischer oder allgemeinhistorischer Zugangswege bedienen. Religionswissenschaft, Theologie wie Philosophie sind insofern als mehrperspektivische, interdisziplinäre Verbundwissenschaften zu bezeichnen.

Hier eröffnet die Theologie eine Wahrnehmungsperspektive neben anderen, z. B. religionswissenschaftlichen, -philosophischen, oder -soziologischen Zugängen. Die spezifische Bedeutung dieser Zugangswege ist dabei allerdings nicht im Vorhinein zu reklamieren, sondern diese erweist sich wiederum daran, ob sie zum interdisziplinären Gespräch wirklich substanziell beizutragen vermag.

Um es an dieser Stelle andeutungsweise für konkrete Unterrichtsprozesse interreligiösen Lernens zu skizzieren: Die Deutungsmacht einer theologischer Perspektive muss sich dadurch legitimieren und plausibilisieren, dass sie Beleuchtungen eines bestimmten religiösen Themas miteinzieht und vorlegt, die eben in dieser spezifischen Weise nur von ihr selbst eingebracht werden können. Konkret gesprochen erschliesst eine theologische Zugangsweise sozusagen den substanziellen Kern eines religiösen Phänomens, indem sie hinter dessen sichtbare Oberfläche nach dessen möglichem Sinngehalt zurückfragt, mögliche historische und aktuelle Interpretationen dieses Kerngehalts anbietet und zugleich den produktiven Dialog darüber eröffnet.

Zur Frage des konstruktiven Umgangs mit religiösen Wahrheiten

Den oben kritisch benannten Aspekten der Partikularität und Subjektivität der Theologie muss und kann im Rahmen eines Perspektivenbewusstseins begegnet werden – wie dies als Grundbedingung auch für philosophische, historische, politische usw. Bildung gilt. In Bezug auf diese Aspekte ist der Einbezug der Theologie im Sinn der schulischen Teilöffentlichkeit als Spiegelbild der Öffentlichkeit sachangemessen. Denn dem Subjektivitätsvorwurf müsste ja ansonsten auch eine rein säkulare Weltsicht unterliegen.

Dies führt zur Frage, wie theologisch und didaktisch gesehen mit den in den verschiedenen Religionen erhobenen Wahrheitsansprüchen umzugehen ist. Das friedliche Miteinander der Religionen wird spätestens dann besonders herausfordernd, anspruchsvoll und oft auch konflikthaft, wenn die Wahrheitsfrage mit im Raum ist. Unter postmodernen Bedingungen wird ein gläubiger Mensch schnell als intolerant eingestuft oder gerät, wenn er sich klar positioniert unter Fundamentalismusverdacht. Einer solchen Wahrnehmung zufolge ist Religion zwar erlaubt – aber nicht als eine substanzielle Lebensweise, sondern bestenfalls als ein bestimmtes Kultur- und Lifestyle-Phänomen. Wie lässt sich also der religiöse Wahrheitsanspruch mit der notwendigen Offenheit für den bestehenden Pluralismus unterschiedlicher Wahrheitstraditionen und -ansprüche in ein produktives Verhältnis bringen? Macht also Glaube (auch in seiner säkularen Form) intolerant?

Der Blick in die Vergangenheit zeigt, dass der Absolutheitsanspruch religiöser wie politischer Ideen nur allzu oft Ursache, Auslöser oder Legitimation für Krieg und Tod war und ist. Religionen sind auf der anderen Seite aber stets eng verknüpft mit Geboten zur rechten Lebensführung. Entsprechende rechtliche oder alltagsbezogene Anordnungen enthalten grundlegende Anweisungen zur sozialen Fürsorge, zum Schutz von Fremden oder sozial Benachteiligten. In diesem Sinn können Religionen – auch das belegt die Vergangenheit – den Weg für Toleranz, zum gelingenden Zusammenleben, zum Frieden ebnen.

Religionen wie säkulare Weltanschauungen müssen ihr Selbstverständnis zwischen diesen beiden Polen klären und sich selbstkritisch in Bezug auf die Frage positionieren, in welche Richtung ihre theologische Weiterentwicklung zu denken ist. Wie lassen sich potenziell Gewalt oder Frieden fördernde Aussagen in den jeweiligen Traditionen unterscheiden und beurteilen? Welche Traditionen werden in den Vordergrund gestellt und richtungsweisend für Theologie, Recht, Lebensgestaltung und die alltägliche Religionspraxis? Die Religionsgemeinschaften müssen sich – um ihres Anspruchs auf Mitsprache bei, Mitprägung der und Mitgestaltung von Öffentlichkeit willen – intensiv mit ihren Traditionen befassen und Kriterien für die Auslegung und Relevanz derselben erarbeiten.

Die sich dabei ergebenden Fragestellungen nach dem Verhältnis von Wahrheitsanspruch und Toleranz verweisen auf die Herausforderung der grundsätzlichen Dialog- und Pluralitätsfähigkeit der verschiedenen Religionen und Weltanschauungen sowie deren Theologien bzw. Theorien. Erst wenn nicht auf die wortwörtliche Anpassung und Umsetzung von Glaubensnormen aus früheren Zeiten abgezielt wird, lassen sich Dialog- und Pluralitätsfähigkeit ausbilden. Diese Fähigkeit ist nicht nur im oben angedeuteten religionsdialogischen Sinn, sondern auch für das Zusammenleben in einem demokratischen Rechtsstaat dringend erforderlich.

Damit ist aber sogleich die Frage nach der Wahrheit erneut aufgeworfen. Je nach sozialen, kulturellen oder historischen Bedingungen können die Kriterien variieren, auf deren Basis die Erkenntnis von Wahrheit behauptet wird.[70] Religion erhebt folglich Wahrheitsansprüche, und zwar durchaus absolute im Sinn des Setzens auf Unbedingtheit, aber, und das ist von Belang, im besten Fall im kommunikationsoffenen Modus des persönlichen Deutens und Bezeugens.[71] Der absolute Wahrheitsanspruch besteht hier nicht als übergeordnete Instanz, sondern ist gebunden an den glaubenden Menschen.[72] Wird der religiöse Wahrheitsanspruch in dieser Weise als Lebenszeugnis aufgefasst, so lässt sich argumentieren, dass gerade im religiösen

---

70 Diese Einsicht in die Bedingtheit aller menschlichen Wahrheitserkenntnis findet sich nicht nur in offiziellen Dokumenten beider Kirchen oder in der theologischen Literatur, sondern auch in biblischen Quellen, vgl. z. B. 1. Kor 13, 8–12, vgl. Nord/Schlag, Renaissance religiöser Wahrheit; vgl. auch Schlag, Ist Wahrheit im Religionsunterricht sinnvollerweise kommunizierbar?

71 Wahrheit kann – aus menschlicher Perspektive – also letztlich nur relational erschlossen werden. Auch im biblischen Verständnis meint Wahrheit nicht primär die Richtigkeit von Aussagen, sondern die Bedeutsamkeit für das Leben. Das hebräische Wort für «Wahrheit» bezeichnet Zuverlässigkeit, Treue, Glaubwürdigkeit. Gemeint ist also nicht ein theoretisches Konstrukt wie in manchen komplexen und durchaus inspirierenden (oft wissenschaftlichen) Wahrheitsdiskursen, sondern ein Sachverhalt, der zutiefst mit Vertrauen, Erfahrung, kurz: mit dem einzelnen Menschen zu tun hat.

72 Dieses Verständnis religiöser Wahrheitsansprüche entspricht einer Auffassung von Religion als religiöser Überzeugung. Überzeugungen werden gebildet. Folglich gilt auch für religiöse Überzeugungen, dass sie als Konsequenz einer auf Reflexion basierenden (oftmals nachträglichen) freien Entscheidung zu deuten sind. Diese – mit von Kutschera – «voluntative Komponente» religiösen Glaubens impliziert wiederum das Bewusstsein des Glaubenden, eine eigene Wahl getroffen zu haben – und insofern die Akzeptanz der Existenz mehrerer Optionen. Für den Dialog hat dies Folgendes zur Konsequenz: Jeder am Dialog Beteiligte muss damit umgehen, dass die jeweils eigene (ggf. auf bewusster Entscheidung gründende) Position für das Gegenüber lediglich eine Möglichkeit von vielen ist, vgl. Kutschera, Vernunft und Glaube.

Kontext die Kriterien für Wahrheit durch die Bewährung in der Praxis zu bestimmen sind.[73]

Der Aspekt des Wahrheitsanspruchs und dessen weder konsensual mögliche noch autoritär erlaubte Reglementierung verweist also wiederum bildungstheoretisch auf die Notwendigkeit pädagogischer und religiöser Sensibilität. Die Thematisierung von Wahrheitsfragen bleibt als politisch und zivilgesellschaftlich relevantes Themenfeld, gerade in ihrer Offenheit sowie unter Einbezug der Theologie als einer in diesem Feld bedeutsamen «Akteurin», auch im Rahmen von – als den Einzelnen und die Gesellschaft prägenden – Bildungsprozessen unumgänglich. Wenn also hier vom substanziellen Beitrag der Theologie für diese Prozesse gesprochen und dieser stark gemacht wird, dann ist damit nicht auf vermeintlich ultimative Satzwahrheiten abgezielt. Eine solche Haltung würde sich tatsächlich sowohl dem offenen Diskurs verweigern wie auch die legitime Vielfalt unterschiedlichster Weltdeutungen in Abrede stellen oder ignorieren.

Der Theologie wohnt, auch wenn sie sich nicht als umfassend deutungsmächtig erweist, eine Deutungsmacht inne, und vermag dem Einzelnen wiederum Reflexions- und Deutungsmöglichkeiten hierüber zu eröffnen. Sie wird damit, um es nochmals zu sagen, hier eher als Form einer der Philosophie nachstehende «Denkungsart» verstanden als in ihrem traditionellen Konfessions- und Kirchenbezug. Zugleich werden durch eine solche theologische Perspektive und den kritischen Blick auf gesellschaftliche (Deutungs-)Mächte die kommunikations- und friedensfördernden Deutungspotenziale von Theologie deutlich. Denn diese verweisen signalhaft und im Modus eines potenziell deutungsmächtigen Sinnangebots auf die notwendige Achtsamkeit dem Anderen gegenüber. Zugleich wird dadurch der kritisch analysierende Umgang mit Machtverhältnissen im öffentlichen und privaten Leben und idealiter individuelle und gemeinsame Verantwortungsübernahme möglich.

2.3.7 Zwischenhalt

Eine solche programmatische Fassung des Theologiebegriffs hat für die konkrete auf die Schule bezogene Kommunikations- und Reflexionspraxis eine Reihe von Konsequenzen: Dieses Verständnis von Theologie eröffnet interreligiöse Perspektiven, insofern dadurch in dialogischem Sinn unterschiedliche religiöse und religionsbezogene (und übrigens auch andere weltanschauliche) individuelle Verortungen und inhaltliche theologische Perspektiven in ein konstruktives Gespräch zueinander gebracht werden können.

---

73 Vgl. Habermas, Wahrheit und Rechtfertigung.

Dabei ist jeder Dialogpartner in dreifacher Hinsicht gefordert: Zum einen sind die fundamentalen alltäglichen, zivilgesellschaftlichen wie politischen Erfahrungen und rechtlichen Rahmenbedingungen zu beachten, zum zweiten gilt es, sich bewusst vom Fundament der religiösen Verortung her die Grundlage des eigenen Engagements zu vergegenwärtigen. Von dort her sollten drittens vergleichbare Perspektiven in anderen Religionen identifiziert werden, um zu gemeinsamen Handlungsmöglichkeiten zu gelangen. Wenn es gelingt, die Verständigungsfähigkeit einer Religion zum friedlichen Miteinander mit anderen Religionen und Weltanschauungen aus der jeweils eigenen Mitte aufzuzeigen, kann eine sachlich fundierte Basis für das interreligiöse Miteinander entstehen.[74]

Was für den Dialog der Religionen auf theologischer Ebene gilt – dass die Verständigungsfähigkeit aus der Mitte der Religionen selbst erwachsen muss[75] – gilt ebenso für den religionsbezogenen Unterricht. Nur vor dem Bewusstsein der je eigenen Positionierung und den Inhalten der jeweils dahinter stehenden Theologie – oder säkularen Theorie – heraus kann die starke Form des Pluralismus und der Toleranz gelernt und gelebt werden.

Von dieser Aufgabenbestimmung aus lassen sich die Momente der wechselseitigen Verknüpfung von Religion, Theologie und religiöser Bildung am öffentlichen Ort der Schule sowie deren Grenzlinien zusammenfassend benennen:

- Unter der aufklärerisch begründeten Differenzierung von Religion und Theologie bezeichnet Religion, wie im Rahmen der oben thematisierten Subjekt- bzw. individuellen Erfahrungsorientierung dargelegt, eine zwar unumgänglich mit Theologie wechselseitig verknüpfte, aber zugleich jeder theologischen Theorie vorgängige, für sich stehende und für sich wertvolle religiöse Praxis.[76]
- Zugleich ist als Ausgangspunkt festzuhalten, dass sich der Einzelne nicht mehr zwingend einer bestimmten Religion oder überhaupt einer fassbaren Weltanschauung verbunden fühlen muss. Religion als möglicher Weltzugang stellt somit nur *eine* mögliche Perspektive dar.

---

74 Vgl. Mokrosch/Held/Czada, Religionen und Weltfrieden; vgl. auch Naurath u. a., Wie sich Werte bilden sowie Winklmann, Moralische Kompetenz.

75 Nipkow betont: «Sie haben aus eigenen theologischen Gründen, jüdischen, christlichen und islamischen, zu zeigen, wie weit sie die ‹Andersheit des Anderen› (E. Levinas) anerkennen.», Nipkow, Dialogprinzipien, 156.

76 Genau diese Bestimmung von Theorie und Praxis ist nach Falk Wagner auch Grundlage für Semlers Unterscheidung von privater und öffentlicher Religion, vgl. Wagner, Was ist Religion, 55ff.

- Die Ausgestaltung theologischer Deutungstätigkeit ist vielfältig.[77] Sie zeigt sich als eine an den Standards wissenschaftlicher Theologie orientierte Deutungspraxis und in «alltäglicher Hinsicht» als *ordinary theology,* ja sogar als eine Art des weisheitlichen Diskurses.
- Die theologische Perspektive führt grundsätzlich weniger zu einer Gesamtschau über ein Themenfeld – es sei denn, sie wird in vergleichendem Sinn angestellt und entworfen. Sondern sie strebt die für die öffentlichen Zusammenhänge angezeigte existenzielle und kritische Thematisierung auf der Basis historischer wie sachlicher Kenntnisbildung an. Sie streicht dabei die Komplexität der verschiedenen religiösen Perspektiven inklusive derer öffentlichen Potenziale und Gefahren heraus, ist aber als Wissenschaft ihrerseits zur kritischen Reflexion über ihre eigenen Vorannahmen und Voraussetzungen imstande.[78]
- Von dort her impliziert religiöse Bildung über theologische Themenfelder nicht nur Information und kritische Reflexion[79], sondern ebenso Erleben und Deuten, Partizipieren und existenziell bedeutsame Diskurse. Damit handelt es sich hier um das Aufzeigen eines öffentlich relevanten Weltzugangs, der aber weniger als «Weltzugang konstitutiver Rationalität»[80] sondern als selbsttranszendierende[81] Weltperspektive zu charakterisieren ist. Dieser transzendierenden Dimension einer theologisch gefassten Perspektive auf die Welt- und Lebensverhältnisse trägt innerhalb von Bildungsprozessen der bewusste Einbezug der theologischen Perspektive – über eine rein religionskundliche Perspektive hinaus – Rechnung.
- Die signifikante Stärke der theologischen Perspektive ist deren «hermeneutische Redlichkeit»[82]: Jede Deutung ist «prekär»[83], jede Bildung ist – wie jede seriöse Wissenschaft – zwangsläufig «perspektiviert». Diese Tatsache und die daraus erwachsenden jeweiligen Konsequenzen für konkrete bildungsorientierte Lernprozesse sind deshalb bewusst und transparent zu kommunizieren.

---

77 Arens, Ist Theologie Luxus?, 173–176.

78 Vgl. Schröder, Theologische Bildung, 164.

79 Ebd.

80 Baumert, Deutschland im internationalen Bildungsvergleich, 108–113.

81 Vgl. Joas, Braucht der Mensch Religion?

82 Vgl. Schröder, Theologische Bildung, 164.

83 Stoellger, Was sich rechnet, 43–53; ders., Deutungsmachtanalyse, 44.

3. Interreligiöses Lernen

3.1 Hinführung

In der inzwischen kaum mehr zu überblickenden einschlägigen Literatur unterscheiden sich die Konzeptionen interreligiösen Lernens nicht unerheblich voneinander. Dass Theorien zum interreligiösen Lernen dabei unterschiedliche – theologische, soziologische, pädagogische, psychologische, philosophische usw. – Weltzugänge und -interpretationen mit sich führen, lässt sich schon an der Konzeptionsvielfalt und Begriffsverwendung der sich mit der Thematik beschäftigenden Autoren ablesen.[84] Dies kann als Indikator dafür angesehen werden, dass die Erforschung und Erprobung angemessener – sowohl sachadäquater wie allen Beteiligten gerecht werdender – Umsetzung interreligiösen Lernens bis dato weder theoretisch noch empirisch zu einem klaren Ergebnis gelangt ist.[85] Zu fragen ist also, inwiefern eine theologische Perspektive in theoretischer wie praktischer Hinsicht interreligiöse Lernprozesse konstruktiv zu befördern vermag.[86] Die Herausforderung interreligiösen Lernens wird schon anhand der Begrifflichkeit selbst greifbar:

---

[84] Einen Überblick zu aktuellen Entwicklungen sowie den unterschiedlichen Konzeptionen und Begriffsverwendungen im Forschungsfeld interreligiöser und interkultureller Bildung bietet Gärtner, Vom interreligiösen Lernen. Dabei ist darauf hinzuweisen, dass interkulturelles und interreligiöses Lernen sowohl formal wie inhaltlich Verbindungen aufweisen. Entsprechend schwierig gestaltet sich der Versuch, eine exakte Trennungslinie festzulegen.
Rickers konstatiert, dass zu Recht «durchweg» vom «Interreligiösen Lernen» und nicht von «Interreligiöser Erziehung» gesprochen werde – denn diese Form des Lernens könne nicht gelehrt, sondern nur zwischen den Angehörigen verschiedener Religionen realisiert werden, vgl. Rickers, Interreligiöses Lernen, 875. Nipkow wiederum betont in Bezug auf die pädagogische Perspektive die Adäquatheit des Sprechens von «‹interreligiöser› Erziehung», Nipkow, Pädagogik und Religionspädagogik, 262; ebenso Haussmann, Wie lässt sich interreligiöse Erziehung, 325.

[85] Haussmann verweist auf acht offene Probleme hinsichtlich der Umsetzung interreligiösen Lernens im Religionsunterricht. Überdies sieht er die Frage, in welcher Form der Religionsunterricht interreligiös ausgerichtet sein soll – z. B. konfessionell, religionsübergreifend bzw. religionskundlich –, noch nicht beantwortet, vgl. Haussmann, Wie lässt sich interreligiöse Erziehung, 327.

[86] So verweist u. a. Englert auf die Relevanz der Bildung theologischen Problembewusstseins, vgl. Englert, Religion gibt zu denken; zu Englerts Erörterung der dieser Frage zugrunde liegenden Debatten um die Lehrbarkeit von Religion und die öffentliche Relevanz von Religion vgl. ders., Religionspädagogische Grundfragen; in jedem Fall ist die Religionspädagogik auf Hilfe von Seiten der anderen theologischen Disziplinen angewiesen. In diesem Zusammenhang sei verwiesen auf v. Stosch, Komparative Theologie; Bernhardt/Schmidt-Leukel, Multiple religiöse Identität; vgl. auch Roggenkamp, Neue Wege in der Religionspädagogik?!

3.2 Das «inter» interreligiösen Lernens

Das «inter» interreligiösen Lernens verweist auf eine komplexe Herausforderung. Auf den ersten Blick weisen die unterschiedlichen Religionen in ihrer Zielrichtung und Wirkung grosse Gemeinsamkeiten auf. Insofern wäre es ein Leichtes, Lernprozesse so zu strukturieren, dass die gemeinsamen Beziehungs- und Verbindungsmomente zwischen den unterschiedlichen Religionen herausgestellt werden. Im «inter» sind aber nicht nur verbindende, sondern auch unterscheidende Elemente zwischen den einzelnen Religionen markiert. Gesellschaftliche und politische Ereignisse zeigen, dass zwischen «Religion» und «Religion» Spannungen entstehen können, denen dieses «inter» nicht standzuhalten scheint. Zu denken ist hier etwa an die aktuellen Debatten um Minarettbau oder Kopftuch, um religiöse Symbole im Schulzimmer oder religiöse begründete Dispense von schulischen Aktivitäten. Diese Spannungen und die oftmals damit verbundenen Vorurteile und fundamentalistischen Anschauungen verstärken sich, wenn eine bestimmte religiöse Perspektive ohne Bezug auf andere religiöse und säkulare Perspektiven eingenommen wird, und damit die Bereitschaft zum Dialog unterbleibt. Interreligiöses Lernen wird schwierig, wenn die je eigene religiöse Positionierung ohne Berücksichtigung der faktischen Pluralität der Religionen vertreten und gar als «einzig mögliche» Wahrheit stark gemacht wird. Angesichts solcher Dynamiken ist «interreligiöses Lernen» notwendiger denn je. Denn Religionen, die sich dem konstruktiven «inter» und der Vielfalt religiöser Perspektiven verschliessen, verlieren nicht nur ihr friedensförderndes und gesellschaftskritisches Potenzial, sondern entwickeln sich auch verstärkt zum gesellschaftlichen Risiko.

3.2.1 Prinzipiell religionsdialogische Ausrichtung

Religionen und die jeweils dahinter stehenden Theologien umfassen sowohl reflektierte Sprachsysteme wie eine bestimmte religionsbezogene Praxis. Insofern zielt das «inter» religionsbezogener Bildung zum einen auf die Kenntnis theologischer Traditionen ab, zugleich aber auch darauf, wie jeweils das «Woher?», «Wohin?» und «Wozu?» verstanden wird und welche Folgen für die individuelle und gesellschaftliche Praxis dies mit sich bringt. Das Präfix «inter» verweist von dort aus auf die notwendige Thematisierung von Religion in religionsdialogischer Ausrichtung. Intendiert wird weder missionarisch ausgerichtetes Lehren und Lernen noch ein religiöses Lernen in Abgrenzung von religiöser Pluralität oder in Abgrenzung von säkularen Weltzugängen. Das Anliegen interreligiösen Lernens zielt darauf, andere

Religionen als gleichberechtigte Partner im Dialog ernst zu nehmen.[87] Sowohl die Kenntnis als auch das Verständnis von Religionen bedarf dabei der kontinuierlichen Auseinandersetzung.[88] Im Blick auf «andere» bzw. «fremde» Religionen ist dabei zu beachten, dass im gegenwärtigen Europa inzwischen viele Menschen nicht nur nicht-christliche Religionen und Kulturen, sondern durchaus auch die christlich geprägte Kultur, die christliche Religion, Tradition und Theologie als das «Andere» bzw. «Fremde» wahrnehmen.[89]

Das Anliegen des «Interreligiösen» besteht zunächst darin, Kenntnisse über Religionen – auch in ihrer Andersartigkeit – zu erarbeiten. Allerdings ist der Begriff der Kenntnisse nicht unproblematisch, insofern er die Existenz verifizierbaren Wissens suggeriert: Auch wesentlich wissensorientierte Formen des Lernens sind auf dialogische Prozesse des Verstehens angewiesen. Denn ohne solche Zugangsweisen könnten keine Kenntnisse über die Vielfalt von Religionen gewonnen werden. Verstehen selbst aber ist mit normativen Vorentscheidungen verbunden: Lernen im Sinn eines Verstehen-Lernens ist ein hermeneutischer Prozess und impliziert Wertungen bzw. ist ohne solche nicht möglich.[90] Dies trifft nicht nur auf das Ziel des Verstehens eines religiösen Systems zu, sondern in gleicher Weise auf das Verstehen einzelner Menschen. Der hermeneutische Prozess des Verstehens wiederum bedingt das Vermögen, mit dem Gegenüber – sei dies nun ein Mensch oder ein System – in einen Dialog zu treten. Die Anerkennung dieses Gegenübers betrifft dann sowohl die je eigene Wahrhaftigkeit der individuellen religiösen Über-

---

87 Als Begrifflichkeit wird der Ausdruck des «Interreligiösen» im Folgenden so verstanden, dass er auch säkulare Verortungen und Weltzugänge miteinschliesst. Sachlich adäquat wäre durchaus die Neukreation einer entsprechenden Begrifflichkeit, die das «Zwischen», «Miteinander» oder «Übereinander» religiöser sowie säkularer Weltzugänge im Blick hat. Nicht mangels sprachlicher Kreativität, sondern um an entsprechende Verwendungen in fachlichen Debatten anzuschliessen sowie aus genuin theologischen Gründen der Interpretation des «Interreligiösen», halten wir hier am Begriff des «Interreligiösen» und damit einer interreligiösen Lerndimension und der entsprechenden fachdidaktischen Perspektive fest.

88 Entsprechend formuliert der Lehrplan 21 – wenn auch nicht explizit mit Blick auf religionsbezogene Kompetenzen: «Bedeutsame fachliche und überfachliche Kompetenzen lassen sich nicht kurzfristig in einer einzelnen Unterrichtseinheit erwerben. Sie erfordern eine kontinuierliche und längerfristige Bearbeitung im Sinne des kumulativen Lernens.» Bildungsdepartement St. Gallen, Natur, Mensch, Gesellschaft, 8.

89 Peukert weist darauf hin, dass das Bemühen um Wahrnehmen und Verstehen des Fremden keineswegs neu ist, sondern «die Wahrnehmung des anderen in seiner Andersheit und die Wahrnehmung anderer Kulturen im Dialog zur Grundstruktur des klassischen Bildungsbegriffs gehören», Peukert, Bildung als Wahrnehmung des Anderen, 2.

90 Vgl. Zilleßen, Dialog mit dem Fremden, 339.

zeugung als auch den Wahrheitsanspruch des jeweiligen Religionssystems.[91] Für beide Lernbereiche, Kenntnis- wie Verständniserwerb, ist es essenziell, dass das Andersartige fremder Kulturen und Religionen keinesfalls nur im Rahmen folkloristischer Zugänge, d. h. der Anschauung religiöser Feste und Bräuche zur Schau getragen, sondern im (all-)täglichen Umgang erfahrbar wird.

3.2.2 Lernen zwischen Menschen

Das Präfix «inter» betont den Aspekt des Austauschs und der sozialen Verständigung zwischen Menschen und damit von Beziehung als grundlegendes Moment jeglichen Lernprozesses.[92] Beziehung impliziert selbst eine existenzielle Dimension. Interreligiöses Lernen zeigt sich damit zuallererst als ein Lernen zwischen einzelnen Menschen – nicht als exemplarische Vertreter einer spezifischen Religion oder Weltanschauung[93], sondern als je für sich selbst sich verortende und diese Selbstverortung reflektierende Menschen. In gleicher Richtung wird die Verwendung des Begriffs des Lernens als Leitkategorie – vor der Frage nach den Inhalten und Zielen – als Betonung der Bedeutung des zu Lernenden und der damit verbundenen Lernprozesse, gedeutet.

Interreligiöse Lernprozesse sind stets im Bewusstsein zu gestalten, dass bei Schülern oft keine eigene religionsbezogene Haltung vorausgesetzt werden kann. Wenn der Individualisierung der Religion und bestimmten Modernisierungstendenzen wirklich Rechnung getragen werden soll, muss religionsdidaktisch vorausgesetzt werden, dass das Selbstverständnis der Schüler nicht zwingend als eine positive Selbstverortung in einer Religion zu deuten ist. Modelle religionsbezogenen Lernens, die von der Voraussetzung eines für das Lernen konstitutiven «Beheimatet-Seins» ausgehen, scheitern an der Realität des Lebens und Lernens in der Pluralität. Lernen ist immer schon

---

91 Nipkow fasst dies folgendermassen in Worte: «Auf dem Spiel steht nicht nur der würdige Umgang mit Menschen, sondern auch die Würde, die der Sache gebührt.», Nipkow, Dialogprinzipien eines pluralismusfähigen Religionsunterrichts, 158.

92 Vgl. Boschki, «Beziehung» als Leitbegriff der Religionspädagogik.

93 «Schülerinnen und Schüler sind aufgrund ihrer Herkunft, Erfahrung und Entwicklung beim Lernen über Religionen unterschiedlich herausgefordert. Es ist darauf zu achten, dass einzelne Schülerinnen und Schüler nicht vereinnahmt oder überfordert werden, indem sie zum Beispiel die Religion, der sie allenfalls angehören, als Experten vertreten oder erklären müssen. Was den einen bekannt, vertraut oder selbstverständlich ist, kann für andere befremdend und unbegreiflich sein», Bildungsdepartement St. Gallen, Natur, Mensch, Gesellschaft, 15.

und auch Lernen am und im Nicht-Eigenen.[94] Die religionspädagogische Auseinandersetzung mit Interreligiosität muss deshalb in didaktischer Hinsicht konstitutiv von den individuell je verschiedenen Erfahrungen und individuellen Positionen der Schüler her denken.[95]

3.2.3 Zwischen individueller und öffentlicher Reflexion

Neben der Argumentationsfigur der Tradierungskrise bei gleichzeitig bestehendem Interesse der Heranwachsenden an fremden Religionen und am Phänomen Religion im Allgemeinen[96] wird die Notwendigkeit eines interreligiösen Lernens zumeist mit dem Streben nach globalem Frieden oder zumindest nach einem zukunftsfähigen Zusammenleben verschiedener Religionsangehöriger begründet. Schon in den 90er Jahren thematisiert, wurde und wird diese Argumentationslinie vor dem Hintergrund interreligiöser Konflikte in den vergangenen Jahren –massgeblich auch durch die Medien – deutlich verstärkt. Entsprechend legen viele Verständnisse interreligiösen Lernens den Fokus auf den Aspekt globaler und lokaler Mitverantwortung.[97]

---

94 Erinnert sei hier an die vier von Nipkow herauskristallisierten Formen der Strategie des Umgangs mit struktureller Fremdheit: Ignorieren von Fremdheit; Subsumieren des Fremden in vertraute Kategorien; Assimilieren des Fremden; Akzeptieren des Fremden, vgl. Nipkow, Bildung, 113. Interreligiöses Lernen strebt die letztgenannte Strategie an. Dazu ist es notwendig, eine Beziehung zwischen dem Fremden und der eigenen religiösen Identität herzustellen. In diesem Sinne versteht sich denn auch Bildung als ein Vorgang zwischen dem Ich und dem Anderen. Dieses «Zwischen» wird als Lernen an Übergängen zwischen Differentem zur Aufgabe in einer pluralen Welt, die gleichzeitig eine gemeinsame werden soll.

95 «Mit den Religionen begegnen Schüler vertrauten und fremden Traditionen und Vorstellungen. Religiöse Vielfalt ist in der Gesellschaft nicht nur in verschiedenen Religionen begründet; sie zeigt sich vielmehr auch in individueller Einstellung und Praxis sowie Distanz zu Religion», Bildungsdepartement St. Gallen, Natur, Mensch, Gesellschaft, 14. Zur Notwendigkeit und den Perspektiven einer fundamentalen religionspädagogischen Wahrnehmung von Pluralität vgl. Schweitzer u. a., Entwurf einer pluralitätsfähigen Religionspädagogik.

96 Vgl. Weisse, Dialogischer Religionsunterricht in Hamburg, 4. Schweitzer konstatiert, dass zwar oft eine geringe gewordene religiöse Offenheit und Sprachfähigkeit der Schüler konstatiert wird, die allgemeine Jugendforschung jedoch durchaus gegenteilige Tendenzen feststellt: «Der Religionsunterricht stösst auf abnehmende Akzeptanz bei einer Generation von Jugendlichen, die sich zunehmend für Religion interessiert», Schweitzer, Erfahrung – Dialog – Verantwortung, 246; vgl. auch Berger/Steets/Weisse, Zwei Pluralismen.
Sofern Lehrpersonen sich allerdings über die Auseinandersetzung mit verschiedenen Religionen vorrangig eine Hinführung zum Christentum auf Umwegen erhoffen, impliziert dies die Gefahr, dass nichtchristliche Religion(en) als Mittel zum Zweck abgewertet werden. Eine solche Haltung ist im schulischen wie ausserschulischen Bildungskontext weder pädagogisch noch theologisch als angemessen zu erachten, denn dann würde die Auseinandersetzung mit dem als «fremd» Erlebten lediglich als Zwischenstadium betrachtet und «missbraucht». Ähnliches gilt für das interkulturelle Lernen, vgl. Auernheimer, Interkulturelle Pädagogik, 66.

97 Vgl. Schweitzer, Evangelische Perspektiven zum interreligiösen Lernen, 118.

Hinsichtlich der Globalität liegt der Fokus dabei auf der Vermittlung von inter- sowie transreligiösen und transkulturellen Werten und Normen – sei es, dass für diese in den einzelnen Religionen und Kulturen bereits ein Fundament zu finden ist, sei es, dass diese erst aufgrund eines gemeinsamen Diskurses ermittelt werden müssen, um kooperatives multi- und interreligiöses Zusammenleben zu ermöglichen.[98] Interreligiöse Bildung wird in diesem Zusammenhang nicht selten funktionalisierend als Ort der Vermittlung von die divergierenden Weltzugänge einenden Wertvorstellungen und -haltungen angesehen.

Das Präfix «inter» verstehen wir an dieser Stelle hingegen als Hinweis auf das Potenzial wie die Notwendigkeit, religiöse Wertvorstellungen nicht von ihren jeweiligen unterschiedlichen Begründungshorizonten zu lösen: Es verweist insofern auf die Komplexität des «tiefenstrukturellen» Gefüges von individuellen Werthaltungen, religiöser oder nicht-religionsbezogener Selbstverortung und den öffentlichen Wertedebatten. Eine entsprechende Bildung muss folglich das Zusammenspiel von privaten und öffentlichen Aspekten von Religion, von individueller Reflexion im Blick auf eigene Lebensorientierung sowie der öffentlichen Reflexion entsprechender Auswirkungen im Blick auf Gesellschaft und Gemeinwohl im Blick haben und zum Thema machen. Dies verbindet sich mit dem Ziel, dass sich von diesen wechselseitig verknüpften Reflexionsarten her Aspekte lokaler und globaler Potenziale und Grenzen von Religion im Blick auf ein zukunftsfähiges Zusammenleben verschiedener Religionsangehöriger je individuell entfalten.

3.2.4 Selbstdistanzierung als Moment interreligiösen Lernens

Die Auseinandersetzung mit verschiedenen Weltzugängen kann und soll zur Reflexion über die eigene religiöse oder weltanschauliche Selbstverortung motivieren. Durch die je eigene Sprachfindung und Artikulation sowie den Perspektivenwechsel kann interreligiöses Lernen zu einem entwickelten Verständnis eigener wie anderer Überzeugungen beitragen. Die Rede vom «Eigenen» benennt dabei stets ein Relationsverhältnis. Insofern mit der Reflexion auf das Eigene immer auch die Reflexion auf das Nicht-Eigene mit-

---

98 Grimmit nennt transkulturelle Werte «künstlich». Als Beispiel für solche künstlich geschaffenen, zentralen Werte verweist Grimmit auf die Erklärung der Menschenrechte durch die Vereinten Nationen. Zugleich weist er darauf hin, dass die Existenz gemeinsamer Werte und Verhaltensregeln durchaus problematisch sei, insofern damit der faktisch gelebte Pluralismus aus dem Blick geraten könne, Grimmit, Religionspädagogik, 39f.

bedacht werden muss – an dem das Eigene sich entfalten lässt[99] – verweist das Präfix «inter» stets auf einen Distanzierungs-Prozess des Lernenden im Blick auf sich selbst. Angestrebt wird pädagogisch gesprochen eine kenntnisreiche Differenzierungskompetenz hinsichtlich der je eigenen Selbstverortung und der je eigenen Selbstverortung des je Anderen. Toleranz und Friedensfähigkeit basieren gerade auf der Erfahrung von Unterschieden und Gemeinsamkeiten sowie einem entwickelten Wissen um bestehende Differenzen und Ambiguitäten[100] unterschiedlicher Standpunkte und Positionierungen schon am Ort des Selbst.

3.2.5 Begegnung mit Menschen und Traditionen

Religionsdidaktisch lässt sich das «inter» als Praxis deuten, durch die die Elemente des Dialogs, der Begegnung und Traditionen integriert werden. So lässt sich interreligiöses Lernen fassen als ein Lernen in Begegnung und Dialog. Die dadurch entstehende Beziehung und Wahrnehmung anderer Überzeugungen und Perspektiven kann zu einer Identitätsvertiefung führen.[101] Jeder Dialog zwischen Menschen verschiedener Religionen wird umso aufrichtiger und sinnvoller geführt werden können, je mehr Freiraum für die je eigenen Überzeugungen und Deutungen, der eigenen Religion oder säkularen Weltanschauung und deren Tradition für den Einzelnen entsteht: Gegenseitiges Verständnis, ebenso auch produktive Kritik (an der eigenen wie der fremden Anschauung) und gegebenenfalls Anpassung der eigenen Haltungen entwickeln sich erfahrungsgemäss am besten, wenn in einem auf freier Artikulation beruhenden Beziehungsgeschehen die persönlichen Überzeugungen in ein produktives Verhältnis zu den Überzeugungen Anderer gesetzt werden.

Interreligiöses Lernen basiert insofern wesentlich auch darauf, Möglichkeiten eines solchen interreligiös-dialogischen Beziehungsgeschehens zu

---

99 Zur Thematik des funktionalen Verhältnisses zwischen dem Eigenen und dem Fremden vgl. Nipkow, Das Eigene und das Fremde. Beachtenswert ist auch der Ansatz von Böttcher, sich, resultierend aus der «Einbeziehung der Wahrnehmung des Fremden», vom Verständnis einer «abgeschlossenen religiösen Identität» zu lösen und stattdessen «Identitätsbildung im Prozess der Annäherung und Abgrenzung» an Fremde(s) anzustreben, vgl. Böttcher, Umstrittene Identität, hier 157 und 159.

100 Vgl. etwa Dressler, Unterscheidungen; ders., Bildung und Religion; Kumlehn, Dynamis der Differenz und in grundsätzlich hermeneutischer Perspektive der Islamwissenschaftler T. Bauer mit dem Plädoyer «Vernünftig ist es zu versuchen, Ambiguität auf ein lebbares Maß zu reduzieren, ohne dabei zu versuchen, sie gänzlich zu eliminieren», Bauer, Die Vereindeutigung der Welt, 15.

101 Vgl. Möller/Sajak/Khorchide, Kooperation im Religionsunterricht.

erproben. Aus diesem Grund ist es zentral, sich der verschiedenen Formen interreligiösen Dialogs bewusst zu sein und zwischen diesen zu unterscheiden. Bezüglich des interreligiösen Dialogs eröffnen sich verschiedene Optionen[102]:

1. Ein anspruchsloser Dialog, der lediglich dem wechselseitigen Kennenlernen dient. Er zielt auf eine anspruchslose Toleranz, die nicht mehr anstrebt, als auf Wege gewaltsamer Bekehrung zu verzichten. Diese Form interreligiösen Dialogs ist dem Ziel friedlichen Zusammenlebens letztlich kaum förderlich, insofern sie (fälschlicherweise) vermitteln könnte, dass eine auf Recht und Demokratie basierende Lebensform nur geduldet, nicht aber bewusst und fundiert – «von innen» – bejaht werden müsse.
2. Ein auf Respekt basierender und auf die gemeinsame Suche nach universalen moralischen und politischen Prinzipien ausgerichteter Dialog, der sich auf die Auseinandersetzung mit den moralischen Gehalten der Religionen fokussiert. Dieser Ansatz impliziert die Möglichkeit, eventuell universalen Werten (z. B. den Menschenrechten) entgegenstehende Inhalte zu benennen und zu kritisieren. Diese Form des Dialogs ist für friedensorientiertes interreligiöses Lernen geeigneter als die erstgenannte Option. Sie steht allerdings vor der Schwierigkeit, dass der *religionsbezogene* Dialog ggf. nicht vor dem Hintergrund und Eigenwert der religiösen und theologischen Kernthemen geführt wird. Eine Beschäftigung mit den Religionen allein unter dem Aspekt der Ethik bleibt unzureichend: Eine solche nimmt «der Religion das spezifisch Religiöse» und stellt damit eine der Sache nicht angemessene Vereinfachung dar. Eine harmonisierende Konzentration allein auf das Gemeinsame und Verbindende ist im Zusammenhang mit interreligiösen Anliegen häufig anzutreffen (u. a. beim Ansatz des Weltethos-Projekts) – basierend auf der durchaus nachvollziehbaren Intention, das Augenmerk auf das Zusammenleben ermöglichende ethische Gemeinsamkeiten zu legen und potenziellen Konflikten keinen Raum zu lassen. Gegenüber einem solchen «schwachen Pluralismus» muss jedoch auf die nicht zu leugnenden Unterschiede und Widersprüche hingewiesen werden, deren Tragweite vielmehr einen «starken Pluralismus» angebracht erscheinen lassen – nicht im Sinne einer Haltung der Unnachgiebigkeit, sondern einer realitätsbezogenen Wahrnehmung von Gemeinsamkeiten und Differenzen. Denn: Wenn es sich im Kontext der Schule potenziellen Konfliktsituationen überhaupt noch ausweichen lässt (was erwiesenermassen oft gerade nicht der Fall ist), so ist dies aus-

102 Zum Folgenden Brumlik, Interreligiöser Dialog, bes. ab 61.

serhalb der Schulkultur oder «im späteren Leben» kaum mehr möglich. Insofern darf bereits im schulischen Kontext solchen Konfrontationen idealerweise nicht ausgewichen und müssen entsprechende mögliche friedensorientierte Umgangsweisen erlernt werden.[103]

3. Ein Dialog, der – durchaus auch im Blick auf die jeweils beanspruchte Wahrheit – die Wahrheit der je eigenen bzw. unterschiedlichen Überzeugungen zu diskutieren sucht. Ein übergreifendes Kriterium für langfristig dienliches interreligiöses Lernen ist darin zu sehen, dass die Selbstinterpretation der Religionen und also auch die jeweilige Glaubensüberzeugung – eben vor dem Horizont von Verstehensprozessen – konstitutive Berücksichtigung finden. Eine solche anspruchsvolle Form des Dialogs birgt die Schwierigkeit einer mit rationalen Argumenten zu führenden kontroverstheologischen Debatte um die Wahrheit der jeweils vertretenen Traditionen. Ziel ist dann der produktive Umgang mit friedensgefährdenden Spannungen zwischen Religionen und Weltanschauungen – ohne dass die möglicherweise auch problematischen religiösen Inhalte selbst neutralisiert oder ignoriert werden.

Dialog kann nur dann stattfinden, wenn Dialogpartner präsent sind. Präsenz ist dabei zu verstehen im Sinne dessen, was sich dem Menschen in seinen Weltwahrnehmungen aufdrängt und ihn unbedingt angeht. Interreligiöses Lernen kann sich dann dadurch ereignen, dass Menschen mit präsenten Dialogpartnern interagieren, in ihrer alltäglichen Lebenspraxis oder in einem bewusst organisierten Umfeld. Die aktive Einbindung präsenter Dialogpartner verschiedener Religionen in die religionsbezogene Bildung ist deshalb ein wichtiges Element bei der Entwicklung von Dialogfähigkeit und aufrichtiger Dialogbereitschaft.

Interreligiöses Lernen im «engeren Sinne»[104] verweist auf die direkte Begegnung und den Dialog zwischen Vertretern verschiedener Religionen. Das Lernumfeld Schule und insbesondere religionsbezogener Unterricht bieten Raum für solche Begegnungen, ermöglichen persönlichen Kontakt, Besuche und Begegnungen von Angesicht zu Angesicht. Im Zentrum solchen Lernens steht der Dialog als Wahrnehmen, Nachfragen und dem wechselseitigen Austausch von Eindrücken oder Erfahrungen. Dieses für interreligiöses Lernen oft als zentral angesehene Kriterium der «authentischen Begegnung» darf allerdings nicht so gedeutet werden, dass nur in einem direkten Miteinander

[103] Sowohl für die gesamte Schulkultur als auch das Zusammenleben in der Öffentlichkeit im Allgemeinen ist der religionspädagogische Beitrag zu einer Friedenskultur entsprechend nicht zu unterschätzen, vgl. Nipkow, Der schwere Weg zum Frieden.

[104] Vgl. Leimgruber, Interreligiöses Lernen, 20f.

interreligiöse Lernprozesse in Gang gesetzt und (selbst-)kritisch vorangebracht werden können. Es ist weder realistisch noch erforderlich, dass Vertreter einer bestimmten Religion zu jedem Zeitpunkt des Lernprozesses direkt anwesend sind. Die Konzeption interreligiösen Lernens wäre unvollständig dargestellt, wenn sie lediglich auf ein Lernen in der direkten Begegnung reduziert würde. Interreligiöse Lernprozesse lassen sich ebenso durch indirekte Erfahrungen auslösen: Sie müssen nicht zwingend auf wechselseitigem Erfahrungsaustausch aufbauen, sondern können in der intensiven Auseinandersetzung mit religiösen Zeugnissen, heiligen Schriften, Texten, Gesängen, Bildern, Riten und Traditionen stattfinden.[105] Deshalb empfiehlt es sich, zwischen interreligiösem Lernen im engeren (bzw. direkten) und weiteren (bzw. indirekten) Sinn zu unterscheiden.[106]

Für beide Arten der Begegnung – direkte wie indirekte – ist religionsbezogene Bildung insofern prädestiniert, als sie von den Prämissen, die Lebenswelt der Schüler wahrzunehmen und Raum für Erfahrungsaustausch und Diskussion zu bieten, ausgeht. Verkürzt religionsbezogene Bildung allerdings die «Begegnung mit Fremdem» auf – oft kurzweilige, das Interesse weckende, aber zuweilen inhaltlich an der Oberfläche verbleibende – Besuche bestimmter religiöser Vertreter im Unterricht, nimmt sie das Potenzial interreligiöser Begegnung nicht vollständig wahr. Einerseits ist das Begegnungspotential in seinen auch konflikthaltigen Aspekten explizit zu thematisieren, andererseits dürfen Schüler in einem ständig multireligiösen Umfeld in aller Freiheit als reflektiert denkende Individuen mit je eigenen Überzeugungen und Religionen angesprochen und herausgefordert werden und sich so auf einer gemeinsamen Ebene begegnen. Eine multireligiöse Klassenzusammensetzung offeriert und provoziert interreligiöse Begegnungen im religionsbezogenen Unterricht in ganz besonderem Mass und fördert – insofern Lernen wesentlich die Reflexion und bzw. als Verarbeitung von Erfahrungen miteinschliesst – die Chance auf interreligiösen Dialog. Direkte klasseninterne interreligiöse Begegnungen können je nach Klassenzusammenstellung allerdings oftmals nur bedingt erfahrbar gemacht werden. Gelingt es aber, die gelebte Alltagskultur mit der Theorie der überlieferten Tradition und deren theologischer Auslegungspraxis in Verbindung zu setzen, kritisch miteinander zu vergleichen, auf Unterschiede und Widersprüche zu achten, sind wesentliche Lernschritte möglich.

---

105 Zum Erfahrungsbegriff in der Religionspädagogik vgl. bspw. Schröder, Erfahrung mit der Erfahrung; Käbisch, Erfahrungsbezogener Religionsunterricht.

106 Vgl. Leimgruber, Interreligiöses Lernen, 20f.

Die Begegnung mit in der Klasse präsenten authentischen Dialogpartnern lässt die Realitätsnähe und Lebendigkeit des Unterrichtsthemas entdecken. Sie ersetzt aber nie die didaktisch notwendige Arbeit der Lehrperson – denn das Einüben in den Dialog geschieht nicht (nur) in der direkten Begegnung mit Menschen anderer Weltzugänge, sondern erfordert das reflektierte Wahrnehmen des Eigenen wie des Fremden, das Bewusstmachen eines eigenen Standpunkts – selbst wenn dieser diffus sein sollte –, die Fähigkeit zur Selbstkritik sowie die Fähigkeit zum Perspektivwechsel. In diesem Sinn sollen im Folgenden verschiedene Dimensionen und Prozesse interreligiösen Lernens konkretisiert werden.

3.3 Dimensionen interreligiösen Lernens

Grundsätzlich definieren wir interreligiöses Lernen – mit Schweitzer[107] – als Lerndimension, die wiederum mehrdimensionale Lernprozesse beinhaltet: Sie bezieht sich auf Wissen, auf Einstellungen bzw. Haltungen sowie auf die Förderung einer Bereitschaft zum verantwortlichen Handeln. Sie beinhaltet zugleich inhaltliche Bestimmungen und eine Lernatmosphäre, die auch in der didaktischen Ausrichtung und Auswahl der Methoden fassbar wird, kurz: Sie verweist auf soziales Lernen.[108] Folgende – sich durchaus überschneidende – Dimensionen interreligiösen Lernens lassen sich unterscheiden[109]:

Ästhetische Dimension

Interreligiöses Lernen beginnt mit einer beobachtenden und beschreibenden Annäherung an fremde Traditionen, Weltzugänge und Zeugnisse. Im Fokus steht hierbei ein gegenseitiges, achtsames Wahrnehmen. In dieser Phase sollen Bewertungen und vorschnelle Urteile bewusst zurückgehalten werden. Die ästhetische Dimension (von altgriechisch αἴσθησις (aísthēsis) – Wahrnehmung / Empfindung) soll eine die verschiedenen Sinne ansprechende Wahrnehmung ermöglichen, also ein erstes Erkennen und Verstehen initiieren. Die Wahrnehmung lässt sich durch Erkunden, Erfragen und Erforschen der fremden Ansichten und Handlungsweisen sowie durch Perspektivenwechsel vertiefen.

---

107 Vgl. Schweitzer, Interreligiöse Bildung, 132.

108 In Anschluss an die Dimensionen interreligiösen Lernens bei Knoblauch, Interreligiöser Dialog, 19ff.; vgl. auch Grümme, Heterogenität in der Religionspädagogik.

109 Vgl. zum Folgenden Leimgruber, Interreligiöses Lernen. Diese Dimensionen verweisen zugleich auch auf den Zusammenhang mit interreligiösen Kompetenzen und deren Erwerb auf Schüler- wie Lehrpersonen-Seite, vgl. auch Willems, Interreligiöse Kompetenz sowie Schweitzer/Bräuer/Boschki, Interreligiöses Lernen durch Perspektivenübernahme.

Affektive Dimension

Im Zentrum dieser Dimension stehen Gefühle, die durch die Auseinandersetzung in Gesprächen, Begegnungen oder Beziehungen ausgelöst werden können. Gefühle für die eigene und fremde Weltsicht bzw. Religiosität zu entwickeln, zu zeigen und zu benennen, eröffnet zusätzlich zur wahrnehmenden und sachorientierten Erfragung eine weitere Gesprächsdimension. Im Zentrum steht das Eintauchen und Einfühlen in die Gefühls- und Gedankenwelt anderer. Diese Dimension beinhaltet auch die Reflexion der Hintergründe eigener Gefühle. Nipkow betont in diesem Zusammenhang: «Wir wissen, dass nichts persönlich anerkannt werden kann, was nicht durch die Person ‹hindurch gegangen› ist.»[110] Persönliche Erfahrungen und damit auch Lernprozesse – und bestenfalls authentische Anerkennungsprozesse – entstehen, wenn die Lernenden von einer Thematik berührt und durchdrungen werden. Emotionale Zugänge sind damit wesentlicher Bestandteil jedes religionsbezogenen Unterrichts, der persönliche religiöse Identität reflektieren, entwickeln und stärken und somit mehr als kognitive Lerninhalte vermitteln will. Ein *rein* religionskundlicher Ansatz läuft hingegen Gefahr, ein «weiches Pluralismusbild» zu entwerfen: Verschiedene Positionen werden dann undifferenziert und gleichwertig nebeneinandergestellt, ohne dass eine persönliche Position entwickelt würde. Ein tiefer gehendes und vollständiges Bild der verschiedenen Positionen und Identitäten lässt sich auf diese Weise nicht entwickeln.

Sprachliche und kognitive Dimension

Die Auseinandersetzung mit Inhalten anderer Religionen ist auf eine kognitive Aneignung des entsprechenden Sachwissens sowie auf die Fähigkeit angewiesen, Erkenntnisse angemessen und präzise artikulieren zu können. Ohne ein solches Erlernen von Sachwissen und die Fähigkeit, unterschiedliche Überzeugungen und Traditionen zu vergleichen, kann interreligiöser Kompetenzerwerb nicht gedacht werden.

Handlungsorientierte Dimension

Die Bildung von beziehungs- und begegnungsorientierten Lern- und Handlungsgemeinschaften am öffentlichen Bildungskontext Schule trägt im besten Fall zum friedensorientierten Umgang unterschiedlicher Religionen bei. Idealerweise lassen sich durch multireligiöse Lerngruppen konkrete Probleme erkennen, benennen und lösungsorientiert angehen.

---

[110] Nipkow, Grundoptionen gelingender Glaubenskommunikation, 44.

Spirituelle Dimension

Spiritualität als wesentliches Element religiöser Erfahrung vermag die Feststellung unterschiedlicher wie gemeinsamer Erfahrungen zu unterstützen. Durch einen solchen bewusst tieferreichenden Zugang zu religiösen Traditionen wird das Verständnis für, die Würdigung von, der Respekt vor und das Interesse an Religion deutlich begünstigt.

Vor dem Hintergrund dieser verschiedenen interreligiösen Lerndimensionen lassen sich konkrete Lernprozesse interreligiösen Lernens näher bestimmen.

Grundsätzlich zeigt sich: Eine interreligiöse Ausrichtung theologisch verantworteten religionsbezogenen Unterrichts fordert von der Planung über die Durchführung bis hin zur Evaluation der Lernprozesse mehr als nur gelegentliche Unterrichtseinheiten über verschiedene Religionen.[111] Entscheidend für die interreligiöse Lernstruktur sind Lernprozesse des Verstehens, die auf einer systematischen Wechselseitigkeit von Selbstverstehen und Fremdverstehen basieren. Eine solche Orientierungsfähigkeit lässt sich nicht abstrakt konstruieren, sondern muss aktiv eingeübt werden, um ein dynamisches Beziehungs- und Lerngeschehen zu fördern. Insofern folgen die Ziele *interreligiösen* Lernens einer Struktur, die durch die prozessorientierte Entwicklung *religiösen* Lernens bestimmt ist.

Erste und grundlegende Voraussetzung interreligiösen Lernens ist die Bereitschaft zu gegenseitiger Wahrnehmung und zum Respekt: Es gilt, (anderen) Religionen respektvoll und aufgeschlossen zu begegnen und (fremde) Glaubensüberzeugungen interessiert kennenzulernen.[112] Hierauf kann der gegebenenfalls notwendige Abbau von falschen Vorstellungen und Vorurteilen folgen, um den Weg für ein besseres gegenseitiges Verständnis zu bereiten.

Auf Basis solcher Bereitschaft und Offenheit können sowohl der Wissenserwerb durch systematische, kompetente Information als auch die persönliche Orientierung in der religiösen Identitätsfindung als bildungstheoretische Grundziele interreligiöser Didaktik anvisiert werden.[113]

Ausgehend von einer solchen Grundlegung wird es möglich, wesentliche Inhalte und Praktiken anderer Religionen zu verstehen. Da die Wahrnehmung und das Verständnis anderer Religionen stets an Eigenwahrnehmung und Selbstreflexivität gekoppelt ist, stellt die Förderung eines religiösen Erlebens

---

111 Vgl. Schweitzer, Interreligiöse Bildung, etwa 142f.

112 Vgl. Schweitzer/Biesinger, Kulturell und religiös sensibel?

113 Sajak bezeichnet entsprechend als zentrale Aufgabe interreligiösen Lernens das Lernen über und von anderen Religionen sowie das gleichzeitig stattfindende Bilden der persönlichen religiösen Identität, vgl. Sajak, «Das Fremde als Gabe entdecken».

oder zumindest Verstehens der eigenen Religion bzw. bestimmter religiöser Sprach- und Vorstellungswelten eine entscheidende Zielvorgabe dar, um das Verstehen von bzw. eine Kommunikation mit weiteren und fremden Perspektiven anzubahnen.

Erst wenn (zumindest ansatzweise) ein Selbstverständnis und gegenseitiges Verständnis entwickelt worden ist, kann eine Suche nach Gemeinsamkeiten beginnen. In diesem Prozess dürfen bestehende Differenzen nicht geleugnet oder verdrängt werden – ein vorschneller (Schein-)Konsens ist als Rückschritt zu werten. Die grundlegenden Kernthemen der Religionen dürfen weder als vernachlässigbar noch als exklusiv erklärt werden, sondern sind in ihren Charakteristika anzuerkennen.[114]

In der – auf Wissenserwerb wie auf Verstehen basierenden – Auseinandersetzung mit anderen Religionen kann die Identitätsentwicklung in der eigenen religionsbezogenen Haltung weiter gefördert werden. So kann dann auch Fremdes in der eigenen Religion bestätigt oder negiert werden. Kritisch-selbstreflexives Lernen verhilft dazu, fundamentalistischen Tendenzen entgegenzuwirken, indem die eigene Position überprüft wird und fremde Überzeugungen anerkennend wahrgenommen werden.[115] Die Fähigkeit zum Perspektivenwechsel führt vor diesem Hintergrund zu einem besser entwickelten Selbst- und Fremdverständnis. Persönliche Dialogerfahrungen mit Andersdenken eignen sich so in spezifischer Weise dafür, eigenständige Lernprozesse zu ermöglichen und den Lernenden individuell mit einer bestimmten Thematik auch persönlich zu verbinden bzw. mindestens intensiv dafür zu interessieren.

Interaktions- und Dialogfähigkeit sind in sowohl traditionserschliessenden als auch kontextbezogenen, problemorientierten Prozessen interreligiösen Lernens zu fördern: Die konstruktive Auseinandersetzung mit Unterschieden, die Wahrnehmung und das Verstehen faktischer Pluralität sowie die Ausbildung eines dynamischen Wahrheitsverständnisses stellen dabei zentrale Zielperspektiven dar.[116] Die eigenen Überzeugungen sind bewusst zur Diskussion zu stellen bzw. der verstehen-wollenden Nachfrage oder Kritik auszusetzen. Anerkennung und Achtung sollten idealerweise auch im Dissens bestehen bleiben. Höchst relevant (und am Ziel einer friedensfähigen Gesellschaft orientiert) ist hierbei auch die Grenze eines starken Pluralismus, die dort zu sehen ist, wo Religionsfreiheit eingeschränkt, Menschenwürde missachtet und Religion durch den Staat verzweckt wird.

---

114 Vgl. Heine u. a., Christen und Muslime im Gespräch.

115 Vgl. Kiechle/Ziebertz, Konfliktmanagement als Kompetenz interreligiösen Lernens, 291.

116 Vgl. Möller/Sajak/Khorchide, Kooperation im Religionsunterricht.

3.4 Zur theologischen Perspektive interreligiösen Lernens

Nach den Eingangsbestimmungen (vgl. Kap. 1) stellt sich die Frage, welchen spezifischen Beitrag die Theologie zum interreligiösen Lernen leisten kann und soll. Deshalb werden im Folgenden die oben genannten Bestimmungen der Relevanz und Verortung von Theologie in Bezug auf öffentliche religionsbezogene Bildung hier nun für den Fall interreligiösen Lernens spezifisch ausbuchstabiert.

Das religionspädagogische Konzept eines mehrdimensional interreligiös ausgerichteten religionsbezogenen Unterrichts setzt voraus, dass nicht nur die Phänomene von Religion und die religionskundlich vermittelbaren Aspekte der verschiedenen Religionen im Unterricht Beachtung finden. Ebenso ist auch die Bedeutung von tradierter Religion – deren schriftlichen Quellen wie gelebten Praxisformen – für private wie öffentliche Räume zu bedenken und kritisch zu befragen. Die Relevanz interreligiösen Lernens wird nur zu oft weniger im Rückgriff auf eine konkrete Religion und deren theologische Traditionen, sondern vielmehr mit einer bestimmten gesellschaftlichen und religiösen Situation begründet. Damit kommt aber die tiefere theologische Bedeutung tradierter Religion inklusive deren Quellen und Praxisformen oftmals nicht angemessen in den Blick. Häufig werden im Fall interreligiösen Lernens theologische Traditionen nur sehr zurückhaltend berücksichtigt.[117]

Um es an dieser Stelle nochmals zu betonen: Aus der Veränderung der Relevanz bestimmter institutioneller Formen von Religion und dem im Zusammenhang damit oft als Traditionsabbruch apostrophierten Phänomen folgt keineswegs automatisch die religionsdidaktische Irrelevanz theologischer Traditionen. Vielmehr ist an deren konstitutiver Bedeutsamkeit für individuelle religionsbezogene Lernprozesse festzuhalten. Um interreligiöse Lernprozesse den Traditionen und dem Proprium der jeweiligen Religionen entsprechend sowie theologisch sensibel planen, organisieren und durchführen zu können, müssen Lehrpersonen gegenwärtige Potenziale religiöser Traditionen wahrnehmen und unterrichtlich thematisieren und hierzu auf die theologische Dimension dieser Traditions- und Interpretationsbestände verweisen. Religionsdidaktisch gilt es Wege zu suchen, auf welchen die theologischen Kernfragen und Traditionen in einer für Schüler nachvollziehbaren Art wahrnehmbar werden können.

Religionsdidaktisch stellt sich vor dem Hintergrund des konstatierten Traditionsabbruchs die komplexe Herausforderung, dass sich manche Schülerinnen und Schüler gegenüber einzelnen religiösen Traditionen positiv posi-

---

117 Vgl. Schlag/Suhner, Theologie als Herausforderung religiöser Bildung.

tionieren, während andere diese in aller Freiheit kritisieren oder gar gänzlich ablehnen. Entsprechend sind Wege zu suchen, auf welchen die theologischen Kernfragen und Traditionen in einer für Jugendliche nachvollziehbaren Art überhaupt erst einmal zum Thema gemacht werden können. Grundsätzlich muss eine Didaktik, welche die persönliche Religion und damit das individualisierte Erwerben von Welt- und Selbstdeutungen ernst nimmt, religionsbezogenes Lernen auch im Hinblick auf theologische Traditionen als einen selbstbestimmten Aufbau des Eigenen in Prozessen kritischen Wahrnehmens und Reflektierens begreifen. Wie erwähnt ist ein Grundziel interreligiös ausgerichteten Lernens, die Entwicklung oder Bewusstwerdung religionsbezogener Selbstverortung zu fördern.[118] Dafür erweisen sich theologische Traditionen und Praxisformen als eine – in sich vielförmige und jeweils situativ zu entfaltende – Grundlage und Möglichkeit dafür, Schülerinnen und Schülern ein theologisch reflektiertes, aufgeklärtes, bewusst positioniertes Kommunizieren zu ermöglichen. Interreligiöses Lernen in theologisch mitverantworteter und mitgestalteter, Traditionen sensibel miteinbeziehender religionsbezogener Bildung ist nicht nur möglich, sondern der Sache und Herausforderung nach angemessen.[119] Die Intention ist dabei nie die Aufrichtung von vermeintlich statischen Positionierungen oder Trennlinien, sondern die Ermöglichung theologisch aufgeklärter interreligiöser Dialog- und Lernprozesse.[120]

Interreligiöses Lernen kann stattfinden, wenn eine persönliche Auseinandersetzung mit den Dimensionen von theologischen Traditionen und gelebter Religiosität gefördert wird sowie je andere Erfahrungen und Perspektiven als gleichberechtigt in den Dialog eingebunden werden. Insofern ist auch aus theologischer Perspektive die Mehrdimensionalität ästhetischer, kognitiver und sprachlicher, affektiver, instrumenteller und spiritueller Zugänge überaus angemessen, wenn religiöse Entscheidungsfähigkeit und interreligiöse friedensorientierte Handlungskompetenz als Lernziele angestrebt werden sollen.[121] Religionsbezogenes Lernen, das theologische Reflexionen und Stand-

---

118 Gerade im Religionsunterricht sind Lehrpersonen wie Schüler wiederholt mit diesem Missverständnis konfrontiert: «Wo Religion als ‹Privatsache› gilt, entfällt der Anlass, sich auseinander zu setzen», Ziebertz, Interreligiöses Lernen und die Pluralität der Religionen, 135.

119 Vgl. die Stellungnahme der schweizerischen ReligionspädagogInnen zum Lehrplan 21: Cebulj u. a., Bildung braucht Religion. Eine deutliche Befürwortung einer theologischen Fundierung, Mitgestaltung und -verantwortung religiöser Bildung wird allerdings selten klar geäussert, vgl. Schlag/Suhner, Theologie als Herausforderung religiöser Bildung.

120 Dies setzt selbstredend die Initiative seitens der Schülerinnen und Schüler voraus – sowie deren Einsicht, dass eine letztgültige Wahrheitserkenntnis dem Menschen nicht verfügbar ist, vgl. Schlag/Suhner, Theologie als Herausforderung religiöser Bildung.

121 Vgl. Mendl, Religion zeigen; Benner u. a., Religiöse Kompetenz.

punkte in ihrer existenziellen Dimension zur Sprache bringt, vermag dabei auch den Widerspruch oder die Zustimmung zu Traditionen und Positionen zu provozieren und die existenzielle Kommunikation religiöser Fragen zu fördern.

Eine solche theologische Perspektive lässt sich auch auf die im engeren Sinn ethische und politische Dimension durchbuchstabieren: Interreligiösem Lernen wohnt die politische Dimension stets inne.[122] Die Reflexion öffentlicher Auswirkungen von Religion ist deshalb konsequenterweise ein zentrales Element zeitgemässen religionsbezogenen Unterrichts.

Bei solchen Wahrnehmungs- und Reflexionsprozessen ist es weder theologisch noch ethisch haltbar, das «Ethische» der Religionen von der entsprechenden theologischen Substanz der Religion(en) zu trennen.[123] Was für den Dialog der Religionen auf theologischer Ebene gilt – dass die Verständigungsfähigkeit aus der Mitte der Religionen selbst erwachsen muss[124] – gilt ebenso für den religionsbezogenen Unterricht. Nur wenn der inhaltliche Kern der jeweiligen Religion oder Weltanschauung mit im Blick ist, kann interreligiös ausgerichtetes Lernen Toleranz wirklich befördern.[125]

Aber als zwingende Bedingung für gelingendes interreligiöse Zusammenleben sind, wie schon erwähnt, nicht nur gemeinsame moralische Wertvorstellungen anzusehen: Denn so notwendig und berechtigt das Anliegen eines Weltfriedens und Weltethos ist, so können moralische Wertvorstellungen durchaus abhängig vom jeweiligen Weltzugang differieren und gegebenenfalls auch in verschiedener Hinsicht unvereinbar sein. Konkret gesprochen: Anhand von Gegenüberstellungen divergierender Weltzugänge und damit verknüpfter Wertvorstellungen oder auch anhand der Gegenüberstellung eines säkular – beispielsweise menschenrechtspädagogisch – orientierten Ansatzes mit einer Perspektive auf das christliche Ethos kann Heranwachsenden die Möglichkeit geboten werden, zwei Weltzugänge zu vergleichen – und auf diese Weise auf der Suche nach einer eigenen Position die eigene Identität weiter zu entwickeln. Für ein friedensorientiertes Zusammenleben ist folglich jede Religion – gerade mit Bezug auf deren eigene Tradi-

---

122 Würde sie dies verneinen, würde sie der Dimension des Religiösen nicht umfassend gerecht, vgl. Grümme, Religionsunterricht und Politik; Schlag, Horizonte demokratischer Bildung.

123 Vgl. Korff, Ethik, 923f; Nipkow, Bildung, 430ff.

124 Nipkow betont: «Sie haben aus eigenen theologischen Gründen, jüdischen, christlichen und islamischen, zu zeigen, wie weit sie die ‹Andersheit des Anderen› (E. Levinas) anerkennen», Nipkow, Dialogprinzipien eines pluralismusfähigen Religionsunterrichts, 156.

125 Englert weist darauf hin, dass bei der reflexiven Bearbeitung einer Religion, die den Heranwachsenden immer weniger als lebensgestaltende Dimension erscheint, das Verhältnis von «konfessioneller Bestimmtheit» und «dialogischer Kooperation» neu bestimmt werden müsse, Englert, Dimensionen religiöser Pluralität, 33f.

tion und Theologie – daraufhin zu befragen, über welche dialogischen Potenziale sie verfügt.

In diesem Sinn läuft – dies sei bezüglich der aktuellen Debatten um Rahmenbedingungen und die didaktische Ausrichtung religionsbezogenen Lernens angemerkt – eine unreflektierte Verbindung des Begriffs weltanschaulicher Neutralität der öffentlichen Schule mit dem Profil rein religionskundlichen Unterrichts der interreligiösen Zielformulierung starker Toleranz zuwider. Vielmehr ist es in politischer, pädagogischer wie theologischer[126] Sicht zwingend, die Grenzen der Konsensfähigkeit zu benennen, zu durchdenken und zu begründen. Eine die öffentliche Dimension des Religiösen bestreitende, Konflikte ausblendende und theologische Inhalte «neutralisierende» Form von Unterricht würden hingegen den Zielformulierungen interreligiös ausgerichteten Lernens fundamental widersprechen.[127]

Die Anerkennung verschiedener religiös motivierter Lebensformen darf nun allerdings nicht mit einer relativistischen Haltung diesen gegenüber verwechselt werden. Ein «anything goes» in Hinsicht auf die Thematisierung des politischen Einflusses einzelner Religionen und religiöser Haltungen ist eine mindestens missverständliche, wenn nicht sogar gefährliche Einschätzung bestehender Religionspluralität. Zu denken wäre hierbei etwa an religiös begründete menschen-ausgrenzende oder -abwertende Denk- und Handlungsweisen wie sich dies beispielsweise in der Ausgrenzung von homo- oder transsexuellen Menschen zeigt. Ebenso wenig lässt sich ein wechselseitiges Verständnis unterschiedlicher Perspektiven auf Basis des kleinsten gemeinsamen Nenners entwickeln. Zielführend für friedliche Religionspluralität ist allein die respektvolle Wahrnehmung der Unterschiede und deren Anerkennung – sofern sich diese nicht als lebensgefährlich und lebensfeindlich erweisen.

Neben der Frage nach theologischen Motiven, Bedingungen und Motivationen interreligiösen Lernens ist übrigens ebenso nach solchen zu fragen, die durch säkulare Weltzugänge gefunden werden. Eine diesbezüglich zwischen Religionen und säkularen Weltzugängen wertende Unterscheidung widerspräche der hier als umfassend verstandenen Intention interreligiösen Lernens.[128] Eine Öffnung auf nichtchristliche Religionen, auf Alltagsreligiosität

---

126 Vgl. Meyer-Blanck, Unterscheiden, was zusammengehört; Nord/Schlag, Renaissance religiöser Wahrheit; Heimbrock, Taking Position.

127 «Interreligiöser Dialog beginnt an den Wurzeln», Knoblauch, Religionsunterricht und Religious Studies, 21; in gleicher Stossrichtung Ziebertz, Interreligiöses Lernen und die Pluralität der Religionen, 131.

128 Allerdings ist bei jeweiligen Konkretisierungen interreligiöser Lernmodelle im Blick zu behalten, dass die Differenzen zwischen den Religionen unweigerlich auch unterschiedliche

mit ihren indifferenten und synkretistischen Ausprägungen und auf säkulare Weltzugänge hin lässt sich angesichts dieser Überlegungen gut – und nicht weniger als im Rahmen eines religionskundlich profilierten Lernens – begründen, konzipieren und entfalten.

didaktische Zugänge nach sich ziehen müssen, vgl. Dressler, Interreligiöses Lernen, 116. Schröder weist darauf hin, dass eine unterschiedliche Lernwege interreligiösen Lernens reflektierende Religionspädagogik den Fokus nicht nur auf den «Dialog zwischen den Inhalten verschiedener Religionen (bzw. zwischen den jeweils subjektiven Verständnissen dieser Inhalte)» richten darf, sondern ebenso auf «die Begegnung zwischen unterschiedlichen Formen religiösen Lernens», Schröder, Interreligiöses Lernen als Herausforderung, 527. Hieraus folgt Schröders Forderung nach Konzeption und Methodik für vergleichende Religionspädagogik, vgl. ebd., 528.

4. Didaktische und methodische Folgerungen

Die dargelegten Überlegungen und Einsichten sind für die religionspädagogische Praxis bezüglich interreligiösen Lernens von Bedeutung, insofern sie in enger Verbindung mit der Frage nach einer angemessenen und sachgemässen Didaktik und Methodik stehen. Sie markieren, vor welchen Herausforderungen interreligiöses Lernen am öffentlichen Bildungsort Schule steht.

Festzuhalten ist zunächst: Interreligiöses Lernen stellt eine komplexe Form der Wahrnehmung, Artikulation und Kommunikation dar. Es geht dabei nicht lediglich um das Erlernen vermeintlich korrekter Wahrnehmungs- und Kommunikationstechniken, sondern um verbale oder nonverbale, kreative Prozesse der Sprachfindung, sowohl im Blick auf das je Eigene wie das Unbekannte aus Sicht des einzelnen Schülers. Insofern gilt es, Methoden der Sprachfindung, des Dialogs und der Kommunikation – auch bei zunächst nicht explizit interreligiösen Inhalten – einzuüben. Die didaktische Grundlegung sowie methodische Gestaltung religionsbezogenen Lernens sind entsprechend zu arrangieren. Zugleich kann interreligiöses Lernen in religionsbezogenem Unterricht nur gelingen, wenn die mit ihm intendierten Ziele auch auf den gesamten schulischen und – idealerweise – gesellschaftlichen Kontext bezogen sind. So kommt hier auch die Dimension gesellschaftlichen Engagements und politischen Handelns in den Blick. Wesentlich und zuallererst ist aber das interreligiöse Lernen – in all seinen genannten Dimensionen – den Religionslehrpersonen, je für sich selbst und dann auch in ihrer Rolle als Bildungsakteure, selbst aufgegeben.

4.1 Anforderungen an die Religionslehrperson

Die Anforderungen an die Religionslehrpersonen unterscheiden sich zunächst, man denke hier v. a. an die notwendige Subjektorientierung, nicht von jener der Lehrpersonen anderer Unterrichtsfächer. Nichtsdestotrotz stellt das Fach Religion und insbesondere interreligiöses Lernen weitere, fachspezifische Anforderungen an die Lehrperson.[129] Dies hat seinen Grund nicht zuletzt im Charakteristikum des schulischen religionsbezogenen Unterrichts, dem es nicht allein um Wissensvermittlung gehen kann, sondern der – das zeigen die oben dargestellten Herausforderungen und Aufgaben des religionsbezogenen Unterrichts – Heranwachsende dabei unterstützen muss, ihre je

[129] Vgl. Ebel, Rolle und Professionsverständnis der Lehrperson.

eigene religiöse Identität zu erarbeiten und zu reflektieren.[130] Die Herausforderung für Religionslehrpersonen ist es deshalb, die Präsenz des Religiösen aufzudecken – wo sie nicht ganz offensichtlich ist –, also den verschiedenen Formen religiöser Phänomene, Gefühle, Gedanken zuerst einmal den angemessenen Freiraum zu geben.

Methodisch wie inhaltlich obliegt es den Religionslehrpersonen, interreligiöses Lernen zum Gegenstand des Unterrichts zu machen, eine entsprechende Unterrichtsatmosphäre zu ermöglichen, zentrale Inhalte und Begriffe, Methoden und mögliche Handlungsweisen zur Verfügung zu stellen und diese um des besseren und gemeinsamen Verstehens willen exemplarisch zur Sprache zu bringen bzw. anwenden zu können.[131]

Entsprechend muss jede Religionslehrperson in besonderer Weise sowohl Experte im Fachlichen, im Didaktischen und Methodischen sein als auch Übersetzer bzw. Vermittler zwischen dem Schüler und dem Anderen. Dies bezieht sich auf die Sache, die zu bedenkenden Gegenstände und auch auf den Schüler und die Schülerin mit ihrer spezifischen religiösen Identität und Suche nach Sinn. Dabei darf das Bemühen der Lehrperson (gerade den Zielen interreligiöser Verständigung zuliebe!) nicht allein auf religionskundliche Information ausgerichtet sein, sondern soll auch auf die individuelle religionsbezogene Selbstartikulation der Schüler abzielen. Dies kann besonders dann geschehen, wenn Religionslehrpersonen selbst authentisch auftreten und dabei in den Kommunikationsprozessen über die Darstellung von Religion in der dritten Person hinaus auch «Ich»- und «Du»-Bezüge ermöglichen.

Damit theologische Bildungsinhalte sachangemessen zur Sprache kommen können, bedarf interreligiös ausgerichtete Bildung der Sensibilität für spezifisch theologische Deutungs- und Argumentationsfiguren. Von Lehrpersonen religionsbezogener Bildung sind damit, selbst wenn sie nicht als Theologen ausgebildet sind, auch und gerade im säkularen Raum und im Blick auf die beruflich-professionell-pädagogische Grundhaltung theologisch-pädagogische Kompetenzen in einem möglichst umfassenden Sinn gefragt. Für eine professionelle Wahrnehmungs-, Kommunikations-, Deutungsfähigkeit müssen die Lehrpersonen auf entsprechende theologische Erkenntnisse und Diskussionen zurückgreifen können und zur intensiven Beschäftigung mit diesen fachlichen Thematiken bereit sein. Erforderlich hierfür ist ein Verständnis des Religionsunterrichts wie des gesamten schulischen Systems,

---

130 Zu Anforderungen an Religionslehrpersonen vgl. u. a. Jakobs, Herausforderung Heterogenität; vgl. zu den Herausforderungen für die Lehrpersonen des Fachs ERG den relevanten Band von Bietenhard/Helbling/Schmid, Ethik, Religionen, Gemeinschaft.

131 Vgl. zu den Anforderungen an Lehrerinnen und Lehrer in allgemeinpädagogischer Hinsicht Hattie, Visible Learning.

in dem die Lehrpersonen die Freiheit und den Gestaltungsspielraum haben, um wirklich auch in einer solchen theologischen Perspektive denken, kommunizieren und selbst lernen wollen! Den Unterricht in Orientierung an den Perspektiven religiöser Wirklichkeiten zu strukturieren, ermöglicht es, auf den Kerngehalt religiöser Glaubens- und Lebenspraxis zu stossen. Dies zielt nicht auf eine exklusive oder sich selbst immunisierende Überzeugungstäterschaft ab. Theologisch aufgeklärt und sensibel auf spezifische Unterrichtsinhalte zuzugehen, ist deshalb denkbar weit von allen Absichten und Versuchen entfernt, den Religionsunterricht als missionarische Gelegenheit zu funktionalisieren. Konkret halten wir für Lehrpersonen folgende Anforderungen fest:

Lehrpersonen müssen bereit und in der Lage sein, die für die Schüler in einer Lerngruppe bestimmenden religiösen Prägungen und Interessen sensibel wahrzunehmen. Solche Wahrnehmungsfähigkeit ist in einer Situation, in der aufgrund des Wandels der religiösen Sozialisation immer weniger mit klar ausgeprägten religiösen Identitäten gerechnet werden kann, zwingende Bedingung pluralitätsfähiger religionsbezogener Bildung. Über diese Wahrnehmungskompetenz hinaus ist eine Grundhaltung der bewussten Offenheit und Wertschätzung für unterschiedliche religiöse und weltanschauliche Voraussetzungen der Schüler erforderlich. Dies entspricht einem christlichen Verständnis von Freiheit und Rechtfertigung, das wiederum auf die Religionspädagogik als eine theologische Disziplin verweist, die ihrerseits von der Anerkennung jedes Menschen als Geschöpf Gottes und vom Ideal eines barmherzigen Menschenbilds geprägt ist.

Trotz dieser erforderten Offenheit und Wertschätzung für andere Überzeugungen dürfen Lehrpersonen nicht darauf verzichten, die jeweils eigene Position deutlich und reflektiert zu artikulieren. Notwendig ist zugleich eine erkennbare Kommunikationsbereitschaft – auch im verständigungsorientierten Umgang mit Gegensätzen. Dialogfähigkeit darf nicht nur als Lernziel für eine ferne Zukunft verstanden werden, sondern ist ebenso Voraussetzung für die Einübung in aktuelle notwendige Toleranz.

Die geforderte Offenheit ist selbstredend nicht als Beliebigkeit misszuverstehen. Unabdingbar muss jede Lehrperson, im Rahmen des von der Religionsfreiheit umgrenzten Raums, begründet etwa zur Frage Stellung nehmen können, ab wann auch eine bestimmte religiös begründete Eindeutigkeit, die sich etwas fundamentalistisch artikuliert, für eine demokratische und an den Menschenrechten orientierte Gesellschaft bzw. eine gewisse Weltanschauung oder Religion nicht mehr tragbar ist. Die Beantwortung und Stellungnahme zu solchen Fragen zeigt sich nicht nur in theoretischer Weise in Bezug auf die Gesellschaft, sondern in konkreter Form auch in der praktischen Gestaltung des Unterrichts- und Schulalltags.

Vor dem Hintergrund einer solchen offenen, reflektierten und kommunikationsermöglichenden Grundhaltung seitens der Lehrperson zeigen sich für interreligiöse Lernprozesse weitere Eckpfeiler:

4.2 Exemplarisches Lernen

Ein interreligiöses Lernen, das sich die umfassende Thematisierung aller grossen Religionen und Weltanschauungen in all ihren thematischen Bezügen als Unterrichtsziel setzen würde, käme fraglos einer Überforderung sämtlicher Beteiligten gleich. Gerade im Blick auf Religionskunde als relevanter Teil des Religionsunterrichts ist zu beachten, dass eine bewusste Auswahl von Themenschwerpunkten und Einzelthemen so notwendig wie sinnvoll ist. Die Vielfalt der Religionen kann nicht durch eine bestimmte Anzahl von Unterrichtslektionen vollumfassend abgearbeitet werden. Interreligiöses Lernen in der Schule im Allgemeinen und in religionsbezogenem Unterricht im Besonderen muss deshalb so angelegt sein, dass es im Sinne eines exemplarischen Lernens möglich ist – abhängig von den Rahmenbedingungen vor Ort. Zugleich erscheint es sinnvoll, die jeweils kulturell besonders relevanten Traditionen des jeweiligen Kontexts intensiver zu thematisieren.[132] Zudem hängt eine entsprechende Schwerpunktsetzung auch mit den Fähigkeiten und Fertigkeiten der jeweiligen Lehrperson zusammen, erst recht, wenn man bedenkt, dass die Vielfalt der Religionen während des Studiums oder gar im Selbststudium kaum umfänglich erfasst werden kann. Wenn interreligiös gelernt werden soll, kann das Prinzip des Interreligiösen nicht in dem Sinne zum Unterrichtsprinzip erhoben werden, dass jede konkrete Unterrichtseinheit inhaltlich im direkten Sinn interreligiös gestaltet wird. Es sollte jedoch als durchgängige Querschnitts-Dimension bei jeder Thematisierung bzw. den damit verbundenen Lernprozessen didaktisch wie methodisch zum Tragen kommen.

---

[132] So schreibt das Volksschulgesetz über die staatliche Volksschule: «Sie wird nach christlichen Grundsätzen geführt. Sie fördert die unterschiedlichen und vielfältigen Begabungen und die Gemütskräfte der Schülerin und des Schülers.» Art. 3 des Volksschulgesetzes (sGS 213.1), auf der Website des St. Galler Lehrplans 21 unter «Rahmenbedingungen» ausdrücklich erwähnt.

4.3 Religiöse Standpunkte im religionsbezogenen Unterricht

Eine religionsbezogene Einstellung ist keine neutrale Einstellung im Sinn eines beliebig-unbekümmerten, mehr oder weniger leidenschaftslosen «anything goes». Die persönliche und für Gesellschaft und Individuum sachgemässe Beschäftigung mit Religion benötigt Identifikationsmöglichkeiten. Religionsbezogener Unterricht muss daher respektvoll mit verschiedenen Überzeugungen umgehen und Verständnis fördern, aber eben auch emotionale und religiöse Zugänge als Möglichkeit zur Ausbildung einer Partizipationskompetenz anbieten.[133] Sowohl kognitive als auch emotionale Zugänge gehören zu religiöser wie interreligiöser Bildung, wenn religiöse Entscheidungsfähigkeit und interreligiöse friedensorientierte Handlungskompetenz als Lernziele angestrebt werden. Dabei können gerade emotionale und existenzielle Zugänge kognitive Lernleistungen unterstützen und nachhaltig wirksame Bildungsprozesse fördern.

Sich ausschliessende Wahrheitsansprüche zwischen den Religionen müssen offen thematisiert werden: Die Auseinandersetzung um Wahrheit bzw. das Ringen mit Wahrheitsansprüchen der eigenen Religion ist zwingend ein zentrales Anliegen interreligiöser (Lern-)Prozesse[134]. Gerade *wenn* Religionen und deren Wahrheitsansprüche zum Lerngegenstand religiöser Bildung werden, kann hier ein Lernen an Differenzen angebahnt und können differenzierte, Unterschiede bewusst anerkennende, Gemeinsamkeiten entwickelt werden.

In einem interreligiösen Dialog, der nicht bloss ein «nettes Gespräch», sondern ein ehrlicher und offener und sich an wesentlichen Problemen abarbeitender Dialog sein will, muss jeder Akteur die je eigene Sicht einbringen dürfen, können und wollen. Gerade im Religionsunterricht sind Lehrpersonen wie Schüler wiederholt mit dem Missverständnis konfrontiert: «Wo Religion als ‹Privatsache› gilt, entfällt der Anlass, sich auseinander zu setzen.»[135] Aus

[133] Vgl. Benner u. a., Religiöse Kompetenz.

[134] «Das Ausklammern der Wahrheitsfrage steht nämlich auch in Widerspruch zu den Interessen der Schüler, in einer pluralistischen Gesellschaft dadurch besser zurechtzukommen, dass sie eine eigene Identität und eigene Überzeugungen ausbilden lernen», so Heimbrock, Leben in multikultureller Gesellschaft, 59. Bezüglich der Wahrheitsfrage hat Rickers darauf aufmerksam gemacht, dass für die Dynamik interreligiöser Lernprozesse entscheidend sei, einen gemeinsamen Bezugspunkt herauszukristallisieren und den Dialog auf diesen hin auszurichten, vgl. Rickers, Interreligiöses Lernen, 127f.

[135] Ziebertz, Interreligiöses Lernen, 135; Englert betont zu Recht, dass bei der reflexiven Bearbeitung einer Religion, die den Heranwachsenden immer weniger als dem Leben dienende Dimension erscheint, das Verhältnis von «konfessioneller Bestimmtheit» und «dialogischer Kooperation» neu zu fassen ist, vgl. Englert, Dimensionen religiöser Pluralität, 33f.

religionspädagogischer Sicht ist von daher festzuhalten, dass die Wahrheitsfrage nicht dispensiert werden darf.[136]

Dieser Ansatz steht im Gegensatz zu manchen Auffassungen, die davon ausgehen, dass sich diese Frage unter pluralistischen Gegebenheiten – wenn es keine für alle geltende und alles gültige Wahrheit gebe – von selbst erledigt habe. Nipkow bezeichnet diese Einstellung als «weich» und charakterisiert sie näher als «schwache, passive Toleranz», die eine Tendenz zur Gleichgültigkeit allen Denkweisen gegenüber aufweist. Hiervon unterscheidet Nipkow eine «starke» Einstellung dem Pluralismus gegenüber, welche die Differenzen zwischen verschiedenen Religionen und Weltanschauungen berücksichtigt und in einer «starken, aktiven Toleranz» resultiert: Eine solche verdankt sich einer eigenen Überzeugung und vermag gerade aus dieser heraus in der Bereitschaft, sich von anderen Haltungen bereichern zu lassen, andere religiöse Haltungen und Überzeugungen anzuerkennen und zu würdigen.[137]

Im Blick auf die didaktische Ausrichtung religionsbezogener Bildung bedeutet dies: Eine voreilige Verbindung des Begriffs weltanschaulicher Neutralität der öffentlichen Schule mit dem Profil rein religionskundlichen Unterrichts wäre konträr zur Idee wechselseitiger Anerkennung und starker Toleranz.[138] In einem die Religionen lediglich darstellend thematisierenden Unterricht kommen tiefgreifende Verstehensprozesse, die Lernenden Deutungskategorien zur Interpretation der Wirklichkeit erschliessen können, tendenziell zu kurz. Eine rein phänomenologische und strikt neutrale Ausrichtung birgt die Gefahr, einzelne Inhalte aus ihrem religiösen Gesamtzusammenhang zu lösen. Ein solcher Zugang entwirft wenig echte Verstehens- und religiöse Identifikationsmöglichkeiten für die Heranwachsenden und geht in seinem Anspruch auf religiöse Neutralität häufig an der Lebens- und Interessenwelt der Schüler vorbei. Damit entfaltet eine solche Form religionsbezogenen Unterrichts eine tendenziell antipluralistische Wirkung. Denn erst die persönliche Auseinandersetzung, die dann sowohl Zustimmung wie auch Widerspruch beinhaltet, kann Lernprozesse intensivieren und existenzielle Auseinandersetzungen mit religiösen Fragen fördern. Dabei ist ein Unter-

---

136 Vgl. Nipkow, Pluralität, 1522 und 1524.

137 Einer ähnlichen Unterscheidung schliesst sich – in Anlehnung an Herms (vgl. Herms, Pluralismus aus Prinzip) – Schweitzer an: Statt eines Pluralismus, dem der Charakter der Beliebigkeit anhafte, komme es auf einen «Pluralismus aus Prinzip» an: Ein solcher sei der «Unverfügbarkeit jeder weltanschaulich-religiösen Gewissheit» gewahr und betone aber die Notwendigkeit, eine solche trotzdem so weit wie möglich inhaltlich zu bestimmen zu versuchen, vgl. Schweitzer, Religionspädagogische Theoriebildung, 82.

138 Vgl. Schweitzer, Interreligiöse Bildung.

richt, der in solcher Weise persönliche Standpunkte miteinbezieht und Perspektiven klar offenlegt, von allen Formen religiöser Indoktrination kategorial unterschieden.

Im Hinblick auf den Einbezug religionsbezogener Standpunkte ist auf die didaktisch relevante Unterscheidung zwischen «Eigenem» und «Unterschiedlichem» hinzuweisen: Sie eröffnet die Möglichkeit, theologisch auch ohne Selbstpositionierung zu kommunizieren. In diesem Sinn besteht die pädagogische Herausforderung interreligiösen Lernens darin, eine Gesprächsbasis sowohl mit Schülern, die etwas «Eigenes» fühlen wie mit Schülern, die nur «Fremdes» (vgl. 3.2.5) empfinden, zu finden. Im Zusammenhang hiermit steht die bereits erwähnte Kompetenz bzw. Fähigkeit zum Perspektivenwechsel. Durch die Auseinandersetzung mit Fremdem wird der je eigene – gegebenenfalls auch als fremd empfundene – Zugang besser verständlich und damit auch die kritische Offenheit für neue Perspektiven gefördert. Interreligiöse Lernprozesse sind so konsequent als Wechsel zwischen Innen- und Außenperspektive zu konzipieren.[139] Den entwicklungsbedingten Voraussetzungen und Grenzen des sozialen Perspektivwechsels von einer autozentrischen zu einer allozentrischen Wahrnehmung gilt es allerdings Rechnung zu tragen: Interreligiöse Kompetenzen sind an kognitions- und entwicklungspsychologische[140] Dispositionen gebunden. Die wechselseitige Selbst- und Fremdinterpretation – der Perspektivenwechsel – bedingt ein umfassendes Verständnis der Fremdheit unterschiedlicher Weltzugänge, das als solches

---

139 Vgl. Nipkow, Ziele, 372. Umfassend erörtert Käbisch die verschiedenen Ebenen des Perspektivenwechsels, vgl. Käbisch, Religionsunterricht und Konfessionslosigkeit, etwa 217–221. Zu beachten ist, dass diese Fähigkeit bzw. deren notwendige entwicklungspsychologische Voraussetzungen selten vor der Pubertät entwickelt sind. Diesbezüglich sind die Ergebnisse der psychologischen Entwicklungsforschung relevant: Deren Einsichten stehen für die Allgemeinpädagogik wie Religionspädagogik in enger Verbindung mit der Frage nach der angemessenen Didaktik und Methodik, vgl. Schweitzer, Kooperativer Religionsunterricht, 100. Nicht zuletzt die Frage, «ob die Beschäftigung mit der Vielfalt die Entwicklung einer eigenen Identität behindert, wenn sie zu früh einsetzt, oder diese fördert, wenn Vielfalt von Beginn an thematisiert wird», steht hiermit zur Debatte, vgl. Ziebertz, Interreligiöses Lernen und die Pluralität der Religionen, 142. Auf einen notwendig doppelten – interdisziplinären und intradisziplinären – Perspektivenwechsel weist Dressler hin, vgl. Dressler, ‹Religiös reden›. Grundsätzlich relativiert die Möglichkeit, eine Aussenperspektive auf eine (religiöse oder säkulare) Perspektive und deren Relativität im Verhältnis zu anderen Perspektiven einzunehmen, nicht die Eigenperspektive.

140 Gerade unter entwicklungspsychologischen Gesichtspunkten ist die Idee religionsbezogener Identitätsbildung als Fundament für ein gelingendes Gespräch mit anderen Religionen zu betrachten: «Für Kinder ist es unmöglich, verschiedene Religionen kennen und auch einschätzen zu lernen, ohne dass sie eine ‹religiöse Grammatik›, eine Sprachfähigkeit in einem religiösen Symbolsystem kennen und schätzen lernen konnten», Biesinger/Hänle, Gott – mehr als Ethik, 125.

grundsätzlich kaum vor der Mittelstufe als vorhanden angenommen werden darf. Mit fortschreitendem Alter der Schüler rücken kognitive Lernprozesse in den Fokus, sodass sich dann sowohl die Fähigkeit als auch die bewusste Bereitschaft zum Perspektivwechsel verstärkt fördern und auf kognitiver Ebene erlernen lässt.

Mit anderen Worten: Die Konzepte «interreligiös» und «religiös» schliessen sich keineswegs aus.[141] Im religionsbezogenen Unterricht können sich Respekt und Verständnis gegenüber Andersdenkenden auf Basis persönlicher religionsbezogener Stellungnahme entwickeln. Differenzen können so aufrichtig wahrgenommen und in deren jeweiliger Begründung reflektiert werden. Wechselseitiges Verständnis ist nicht auf Basis des kleinsten gemeinsamen Nenners zu entwickeln, sondern in respektvoller Anerkennung der Unterschiede. Dazu bedarf es einer religionsbezogenen Bildung, die Religiosität zulässt und Möglichkeiten schafft, eine persönliche Auseinandersetzung mit Religion und Religiosität zu fördern.[142]

4.4 Individuelle Alltagserfahrungen und Suchprozesse der Heranwachsenden

Die individuellen Suchprozesse der Schüler – ihre religiöse Umwelt, religionsbezogenen Interessen, Erfahrungen, Ängste und Anfragen – bilden einen wesentlichen Ausgangspunkt des Unterrichts. Die selbstverständliche Forderung der Adressaten- bzw. Schülerorientierung wird damit zu einer thematischen Forderung ausgeweitet – die (Um-)Welten, die Vorstellungen, Meinungen, aber auch die Vor-Urteile der Schüler werden zum Arbeitsmaterial.[143] Zur Identitätsbildung trägt der religionsbezogene Unterricht infolgedessen nicht in erster Linie durch die darstellende Vermittlung von «fernen» Inhalten bei, sondern indem er, die Perspektive der Schüler würdigend und von dieser ausgehend, die Frage nach der (pädagogischen, biografischen, usw.) Bedeutsamkeit des Inhalts für die Schüler selbst aufgreift. Auf diese Weise kann die individuelle religionsbezogene Praxis reflektiert und mit den Traditionen verschiedener Religionen und deren Theologien in Bezug gesetzt werden.

---

141 In diesem Zusammenhang betont Ziebertz zu Recht, dass ein Interesse an Religion im Plural nur bedingt dafür geeignet sei, den gegenwärtigen Herausforderungen öffentlicher religionsbezogener Bildung zu entsprechen: Ohne Zweifel lässt sich allein durch den Einbezug vieler Religionen der teilweise vorhandenen religiösen Indifferenz oder Distanz zu (institutionalisierten) religiösen Sozialformen und Traditionen nicht leichter begegnen, vgl. Ziebertz, Mono-, multi-, interreligiös?, 329.

142 Vgl. etwa Mendl, Religion zeigen.

143 Allerdings bedeutet das nicht, dass Schülerperspektiven als alleiniger Massstab für den Unterricht und seine Inhalte missverstanden werden sollen.

Interreligiöses Lernen muss und kann nicht in einer monoreligiösen Lerngruppe stattfinden, sondern wird gerade durch religiöse Heterogenität zugleich notwendig wie möglich. Im kritischen Diskurs können so die Aufmerksamkeit für Differenzen geschärft, Positionen der eingehenden Prüfung unterzogen und an alternativen Positionen relativiert werden, so dass am Konstrukt der eigenen, reflektierten religionsbezogenen Identität und der Fähigkeit zur begründeten Argumentation in Religionsfragen gearbeitet werden kann.[144]

Als zentrale Herausforderung im Blick auf die Alltagswelt der Heranwachsenden erweist sich die plurale und ausdifferenzierte Religiosität der Schüler noch in einem weiteren Sinn: Pluralität wird, wie dargelegt, fassbar in interreligiöser, weltanschaulicher wie intrareligiöser Hinsicht. Infolgedessen ist eine Unterscheidung von eigener und fremder Religion im interreligiösen Lernen zu undifferenziert: Weder ist die jeweilige Selbstverortung der Schüler deckungsgleich mit einem jeweiligen Religionssystem oder einer bestimmten Weltanschauungstheorie noch lässt sich, in der Folge, eine Religion unbedingt aus einer konkret fassbaren «eigenen» religiösen Selbstverortung betrachten. Vielmehr folgt aus der inneren und äusseren Pluralität, dass die Wahrnehmung der je eigenen Perspektive mit theologischen Traditionen und Perspektiven jeglicher Art bereits Konfrontation mit Fremdem darstellt und als solche handzuhaben ist.

In diesem Zusammenhang ist auf die problematische Terminologie der Fremdzuschreibung «christliche Schüler», «muslimische Schüler» usw. hinzuweisen: Mit solchen Zuschreibungen würde die didaktische Wahrnehmung der Schüler nicht zuerst auf deren individuelle Besonderheit gelenkt, sondern auf die ihnen zugeordneten religiös-kulturellen Systeme. Auf diese Weise würden aber die Schüler gleichsam als Trägerexemplare einer abstrakten Allgemeinheit betrachtet, was pädagogisch wie theologisch nicht vertretbar ist.

---

144 Vgl. Ziebertz, Religiöse Identitätsfindung, 97; vgl. auch den Verweis auf den Begriff der «Subjekt-Werdung» bei Rothgangel/Hilger, Schüler, Schülerorientierung, 1935. In diesem Zusammenhang ist von Seite der Lehrpersonen zu beachten, dass interreligiöses Lernen sich auch in ausserschulischen Kontexten ereignet. Dieses Lernen erfolgt zumeist unbewusst und nicht gezielt. Interreligiöses Lernen im schulischen Raum steht in diesem Sinn in einem nicht intendierten Zusammenspiel verschiedener «Lernorte». Diese ausserschulischen Lernorte müssen wahrgenommen und auf ihre jeweilige anregende und hemmende Wirkung auf den schulischen Unterricht im Blick behalten werden.

4.5 Religionsbezogenes Sachwissen und theologische Traditionen

Es ist zweifelsohne – theologisch wie pädagogisch – sinnvoll, ja geboten, das religionspädagogische Bemühen darauf zu richten, jeden Schüler in und mit seiner je eigenen religionsbezogenen Selbstverortung ernst zu nehmen und von hier aus interreligiöse Lernprozesse zu initiieren. Letztlich aber kann keine Lehrperson diesem Anspruch je auch nur nahe kommen. Es ist vielmehr vermessen davon auszugehen, dass den tatsächlich drängenden Fragen pluraler Lebenswelten begegnet werden könnte, indem die religiöse Pluralität selbst nicht nur zum thematischen Gegenstand wird, sondern gleichzeitig Prinzip dieses Religionsunterrichts sein soll. Wenn die bis in das einzelne Individuum sich verzweigende Pluralität eigentlicher Gegenstand des Unterrichts sein soll, kann ein Bemühen, Gemeinsames zu erarbeiten, letztlich nur zu oberflächlichen Ergebnissen führen oder muss gar scheitern: Der aus religionspädagogischer Perspektive angemessenen Beachtung der Alltagswelt der Schüler – der Authentizität einer konkret gelebten und erfahrbaren Religion oder Weltanschauung – entspricht die nicht selten entstehende Gefahr, dass das Proprium der jeweiligen Religion als Glaubens- und Orientierungssystem aus dem Blick gerät. Biografisch oder kontextuell bedingte Spezifika werden dann allzu leicht mit den Kerninhalten der jeweiligen Religion identifiziert. Infolgedessen geraten die konkreten Lebensweisen und die Religiosität einzelner Personen zwar in den Blick, Gemeinsamkeiten und Unterschiede der Religionen selbst werden dann allerdings nur am Rande thematisiert. Insofern gilt es, eine Balance zwischen der konkret erfahrbaren und gelebten Religiosität der den Unterricht entscheidend mitprägenden Heranwachsenden sowie der jeweiligen (Welt-)Religion mit ihren spezifischen Glaubenstraditionen und -interpretationen der Welt anzustreben – oder aber es besteht die Gefahr, dass Religion von den Lernenden lediglich als Privatangelegenheit, als für die Öffentlichkeit wenig relevant und damit letztlich unverbindlich wahrgenommen wird.

Neben dem thematischen Postulat der Schülerorientierung muss der religionsbezogene Unterricht also immer auch Sachunterricht im Sinn der Religionskunde und Vermittlung theologischer Traditionen sein. Diesbezüglich ist darauf zu achten, dass Vergleiche zwischen verschiedenen Traditionen und -ritualen nicht an der Oberfläche bleiben[145]: Dies könnte nur allzu leicht

---

145 Dass religionsbezogener Unterricht wesentlich auch Sachunterricht zu sein hat, ist unbestritten, ist die notwendige Antwort auf den alltäglichen religiösen Pluralismus. Zugleich gilt: «um die Religion des Religionsunterrichts nicht rationalistisch zu verkürzen […] ist Reli-

zur Bestärkung von bereits vorhandenen relativistischen Einstellungen oder Vorurteilen führen.

In einem Artikulationsraum, in dem ein vorgegebenes Instrumentarium an Methoden, Fundamenten, Traditionen oder Sprache geboten wird, haben Lehrpersonen und Schüler die Möglichkeit, das gegenseitige Verständnis des Eigenen und des Anderen zu fördern.[146] Dann können Prozesse interreligiösen Lernens im theologisch fundierten Religionsunterricht dazu beitragen, dass Verschiedenheit, wird sie im Sinn der Anerkennung des Geheimnisses des Anderen ins Gespräch genommen, dem Menschen zum Menschsein verhelfen.

Dabei ist der Traditionsbegriff keineswegs rein historisch, gleichsam museal, zu fassen: Der Prozess der Traditionsbildung umfasst vielmehr, neben seinem historischen Element, auch den Aspekt des Gegenwartsbezugs und der Zukunftsrelevanz. Insofern ist der Bezug auf theologische Traditionen als eine immer neu aktualisierende Perspektive anzusehen. Konkret übertragen bedeutet dies beispielsweise, dass eben der Besuch von religiösen Räumen kein Gang in ein architektonisches und mit religiöser Vergangenheitskunst gefülltes Gebäude ist, das Lesen eines Textes aus einer Heiligen Schrift kein gedanklicher Gang in eine ferne, vom «Heute» abgeschlossene Gedankenwelt, sondern damit immer auch ein (Gedanken-)Raum mit einer bedeutsamen gegenwärtigen Atmosphäre betreten wird – und mit einem solchen Gang stets auch schöpferisch-kreative Wahrnehmungs- und Sprachdeutungsprozesse, Transformations- und Sprachfindungsaufgaben verknüpft sind. Angesichts der Tatsache, dass das Erkennen von Zusammenhängen – zwischen verschiedenen Religionen oder zwischen Traditionen und eigener Erfahrung usw. – bei vielen Menschen keine einfach vorauszusetzende Fähigkeit darstellt[147], erweisen sich hier Methoden der Text- und Bilderschliessung als zwingend notwendig und erhalten sprachliche und kommunikative Fähigkeiten besondere Bedeutung.

gion auch in ihrer praktischen Dimension wahrzunehmen […]», Lindner u. a., Zukunftsfähiger Religionsunterricht, 185.

146 Das Verstehen des Fremden ist dann, so Nipkow, «eine Rekonstruktion des Fremden unter den eigenen Verstehensbedingungen; daher ist das eingebrachte Eigene keineswegs per se ein das Fremdverstehen hemmender Faktor. Für die Lernenden gilt in allen Fächern, dass lerntheoretisch ihre Vorerfahrungen ein wichtiges notwendiges Vehikel für das Verständnis des Neuen sind. Es muss eine Anschlussfähigkeit gegeben sein», Nipkow, Multikulturelle und multireligiöse Erziehung, 112.

147 Vgl. Faust-Siehl, Gesprächsformen, 475.

4.6 Reflexion und Begründung der Grenzen von Konsens- und Dialogfähigkeit

Interreligiöses Lernen intendiert, Identität in der Wahrnehmung und Reflexion von Differenz auszubilden. Die bewusste Erfahrung dieser Differenz soll dabei weder Angst hervorrufen noch verdrängt oder umgangen werden. Deshalb ist die Fähigkeit zur Reflexion und zur Differenzierung eine wesentliche Aufgabe des Unterrichts. Hierzu ist mithilfe einer fundierten Religionskunde wachsende Informationskompetenz anzustreben. Ziel ist aber ebenso, die Urteils- und Entscheidungskompetenz der Heranwachsenden zu befördern – sodass diese zur aufgeklärten Entscheidung über den eigenen religionsbezogenen Weg fähig sind.[148]

Politische Bildung und ideologiekritisches Denken, das Aufweisen und Reflektieren entsprechender Zusammenhänge mit der Dimension von Religion, sind damit Elemente eines zeitgemässen religionsbezogenen Unterrichts, der die Schüler auf eine pluralistische Gesellschaft vorbereiten will. Aus politischer, pädagogischer wie theologischer Sicht ist es dabei zwingend, die Grenzen der Konsensfähigkeit zu benennen, zu durchdenken und zu begründen. Differenz gehört, als wesentliche Dimension dieser Gesellschaft, auch zur Tagesordnung des Schulalltags.[149] Eine naive Vereinheitlichung, die Differenzen leugnen will oder Konflikte zu vermeiden versucht, widerspricht den Ansprüchen eines interreligiös ausgerichteten Unterrichts und nimmt die Option eines ernsthaft konstruktiven Dialogs nicht wahr. Differenzen, auch theologische, dürfen in diesem Prozess nicht übersprungen werden, sondern müssen thematisiert, aktiv mit eigenen Lebenszugängen konfrontiert und konstruktiv bearbeitet werden. Ziel jedes – im Sinne eines starken Pluralismusverständnisses – pluralitätsfähigen Religionsunterrichts muss also eine interreligiöse Orientierung sein, die «zwischen Superioritätsdenken und Relativismus auf gegenseitiges Verstehen, auf Toleranz und religiöse Bereicherung ausgerichtet ist».[150] Hinderlich hierbei wäre besonders eine generell unpolitische und religionsindifferente Haltung der Lehrperson: Völlige Neutralität wirkt nicht authentisch. Religiöse Pluralität kann und muss gegebe-

---

148 So versteht der Lehrplan 21 – wie im Kapitel 2.1 zitiert – Bildung als Vorgang, der «dem Einzelnen [ermöglicht], seine Potenziale in geistiger, kultureller und lebenspraktischer Hinsicht zu erkunden, sie zu entfalten und über die Auseinandersetzung mit sich und der Umwelt eine eigene Identität zu entwickeln.» Und führt daraufhin weiter aus: «Die Schülerinnen und Schüler werden beim Aufbau von persönlichen Interessen, dem Vertiefen von individuellen Begabungen und in der Entwicklung ihrer individuellen Persönlichkeit ermutigt, begleitet und unterstützt», Bildungsdepartement St. Gallen, Natur, Mensch, Gesellschaft.

149 Vgl. Schweitzer/Bräuer/Boschki, Interreligiöses Lernen durch Perspektivenübernahme.

150 Van der Ven/Ziebertz, Religiöser Pluralismus und Interreligiöses Lernen, 8.

nenfalls auch konfliktreich sein. Diese Tatsache wird aber im Unterricht oft verdrängt, um kritische Diskussionen zu vermeiden.

4.7 Kritisch-unterscheidendes Lernen als Aspekt interreligiöser Lernprozesse

Trotz staatlicher und zivilgesellschaftlicher Bemühungen um Werte wie Freiheit und individuelle Autonomie ist die gegenwärtige Gesellschaft geprägt von Kräften, die Abhängigkeiten schaffen: von Leistungsdruck, Konsumzwang, usw. Religionsbezogene Bildung hat die Möglichkeit und die Aufgabe, den Blick für solche «Unfreiheiten» zu öffnen, gegebenenfalls Widersprüchlichkeiten aufzuzeigen und zu erörtern. Die Didaktik des religionsbezogenen Unterrichts hat nach Möglichkeiten zu fragen, die den Heranwachsenden dabei unterstützen, sich nicht-reflektierter Prägungen bewusst zu werden, solche Einflusssphären zu benennen und sich ggf. von diesen zu distanzieren.[151] In diesem Sinn bedeutet öffentliche religionsbezogene Bildung auch, dass sie dort produktiv interveniert, wo die Unterhaltungs-, Informations- und Konsumgesellschaft Unfreiheiten der unterschiedlichsten Art produziert.[152] Ein interreligiös ausgerichteter religionsbezogener Unterricht sucht dafür in verschiedenen Religionen nach möglichen Orientierungen. Er darf diese hierzu aber nicht verzwecken, sondern muss sie in ihren Eigenaussagen sprechen lassen.[153] Interreligiöses Lernen ist damit als Herausforderung und Chance zu sehen, sich den pädagogischen, gesellschaftlichen und religiösen Herausforderungen einer pluralen Gesellschaft zu stellen und im Spannungsfeld von religiöser (oder auch anderweitiger) Indoktrination und gleichmachender Neutralität zu bestehen. Als «Vermittlung, Einübung und Anglei-

---

151 Auf den diesbezüglich relevanten Bildungsbeitrag religionsbezogener Bildung macht Schweitzer aufmerksam: «Dass die Frage nach den sinn- und wertbezogenen Grundlagen von Schule gestellt bleibt, dass die Schule nicht einfach solchen Einflüssen und Interessen unterstellt wird, die der Markt oder ein individualistisches Denken zu diktieren scheinen, darin sehe ich eine wichtige Aufgabe aller Religionspädagogik in Praxis und Theorie und darin liegt auch die bleibende humane Bedeutung eines RU in der Pluralität», Schweitzer, Erfahrung – Dialog – Verantwortung, 250.

152 Vgl. Peukert, Tradition und Transformation, 33f.

153 Die Stimme erfahrungs- wie traditionsbezogen denkender Theologie(en) – in prophetischer Weise hoffnungsvoll zu verstehende und auch kritische Stimme reflektierter Religionspraxis – ist in diesem Sinn eine wichtige Grösse im Unterricht; nicht nur zur je individuellen Fundierung von Moral, sondern ebenso sehr als Gegenpol oder ergänzende Stimme zu zivilgesellschaftlichen und politischen Entwicklungen. Hier sei erinnert an das nach wie vor bedeutsame Werk von Freire, Pädagogik der Unterdrückten.

chung» ist es mit kritischer, «Distanzierung, Prüfung und Urteilsbildung» fördernder Bildung zu verbinden.[154]

[154] Vgl. Heimbrock, Taking Position.

5. Exemplarischer Blick: Interreligiöses Lernen im Fach ERG

Die erfolgten Reflexionen werden in diesem Kapitel im Blick auf das Fach «Ethik – Religionen – Gemeinschaft» (ERG), als Fachbereich im Rahmen des Lehrplans 21, beispielhaft konkretisiert. Mitgedacht ist dabei aber auch eine grössere bildungspolitische Reichweite, insofern der Religionsunterricht auch in anderen nationalen und internationalen Kontexten vor denselben oder sehr ähnlichen gesellschaftlich bedingten Herausforderungen des friedensstiftenden Umgangs mit der Vielfalt religiöser Wahrheitsansprüche am Ort der öffentlichen Schule steht.

5.1 Interreligiöses Lernen im Fach ERG

5.1.1 Dialog- und friedensorientiertes Begegnungslernen in multireligiöser Gesellschaft

Als exemplarische Reaktion auf die gesamtgesellschaftlichen Transformationsprozesse sowie die in diesem Zusammenhang konstatierten Herausforderungen religiöser Pluralität ist der für den deutschsprachigen schweizerischen Bildungsraum entwickelte Lehrplan 21 zu lesen. Das Modell des im Rahmen des Lehrplans 21 praktizierten Fachs ERG steht im Kontext der Tatsache, dass sich der Grossteil der Schweizer Kantone der religiösen Pluralität stellt und konsequent multireligiös ausgerichtetes Lernen mehrheitlich befürwortet.[155] In der Einleitung zum Fachbereich Natur-Mensch-Gesellschaft, dem das Fach ERG zugeordnet ist, wird formuliert: «In einer pluralistischen und demokratischen Gesellschaft gilt es, eine eigene Identität zu finden, Toleranz zu üben und zu einem respektvollen Zusammenleben beizutragen. Dazu denken Schüler über menschliche Grunderfahrungen nach und gewinnen ein Verständnis für Wertvorstellungen und ethische Grundsätze. Sie begegnen religiösen Traditionen und Vorstellungen und lernen mit weltanschaulicher Vielfalt und kulturellem Erbe respektvoll und selbstbewusst umzugehen. Dies trägt zur Toleranz und Anerkennung von religiösen und säkularen Lebensweisen und damit zur Glaubens- und Gewissensfreiheit in der demo-

[155] Vgl. Schlag, Historische, verfassungsrechtliche und gesellschaftspolitische Hintergründe; ders., Religious Education at Schools in Switzerland.

kratischen Gesellschaft bei.»[156] Dass hinter diesen Aussagen auch die ganz konkreten politischen Erfahrungen religiös-kulturell motivierter Konflikte sowie die Befürchtung religiöser Radikalisierung und Fundamentalisierung stehen, ist angesichts der in der Schweiz immer wieder brisanten öffentlichen Religionsdebatten kaum von der Hand zu weisen.

Im Blick auf das Fach ERG wird ausgeführt: «Die Perspektiven Ethik, Religionen, Gemeinschaft tragen der gesellschaftlichen Situation und der Komplexität moderner Welterfahrung Rechnung.»[157] Die Entwicklung des Fachs ERG stand und steht damit zu Recht ganz im Zeichen der Frage nach der bildungstheoretischen Vernunft öffentlicher religionsbezogener Bildung. Leitend für den (Teil-)Fachbereich Religion war und ist die Einsicht in die Notwendigkeit, Heranwachsende über die religiösen Dimensionen individueller Lebenspraxis, des politischen und ethischen Diskurses aufzuklären: «Religionen werden sichtbar in kulturellen Spuren, in der Vielfalt religiöser Praxis, in religiösen Vorstellungen und ihren Wirkungen in der Gesellschaft.»[158] Wesentlich ist dabei, dass eben die individuelle Religionszugehörigkeit kein relevantes Kriterium ist, ob man sich im Unterricht mit Religion beschäftigen soll oder nicht: «Grundkenntnisse christlicher Traditionen und Werte sind nicht nur für christlich sozialisierte Schüler, vielmehr gerade auch für solche ohne oder mit anderer Religionszugehörigkeit wichtig, um sich kompetent in Kultur und Gesellschaft zu orientieren.»[159] Der Plural der genannten «religiösen Traditionen und Vorstellungen» und die explizit intendierte «Toleranz und Anerkennung von religiösen und säkularen Lebensweisen» verweisen deutlich auf Ziele interreligiöser Konvivenz.

Der Wille und die Experimentierfreudigkeit des Fachs ERG, die Schüler verschiedenster Religionen und Weltanschauungen zum gemeinsamen Lernen mit- und voneinander zusammenzubringen, sind damit durchaus potenziell zielführend. Allerdings ist die Wirkungsfähigkeit dieses Fachs und damit interreligiösen Lernens wesentlich von der Rahmung, der entsprechenden

---

[156] Bildungsdepartement St. Gallen, Natur, Mensch, Gesellschaft, 14. Der Lehrplan nimmt dabei Bezug auf Art. 3 des Volksschulgesetzes (sGS 213.1): «Die Volksschule unterstützt die Eltern in der Erziehung des Kindes zu einem lebensbejahenden, tüchtigen und gemeinschaftsfähigen Menschen. […] Sie vermittelt die grundlegenden Kenntnisse und Fertigkeiten, öffnet den Zugang zu den verschiedenen Bereichen der Kultur und leitet zu selbstständigem Denken und Handeln an. Sie erzieht die Schülerin und den Schüler nach den Grundsätzen von Demokratie, Freiheit und sozialer Gerechtigkeit im Rahmen des Rechtsstaates zu einem verantwortungsbewussten Menschen und Bürger.»

[157] Ebd.

[158] A. a. O.,15.

[159] Ebd.

Befähigung der Lehrpersonen sowie der konkreten Ausgestaltung des Fachs ERG durch diese abhängig.[160]

5.1.2 Interdisziplinäre Orientierung: Die Verknüpfung mit dem Fachbereich Ethik

Die vom Fachbereich ERG in die pädagogische Diskussion eingeführte Verknüpfung der Inhaltsbereiche Ethik, Religionen und Gemeinschaft im Namen des Fachs zielt auf ein integratives Inhaltsverständnis: Die verschiedenen Domänen sollen nicht im Sinn getrennter Inhalts- oder Themenbereiche behandelt werden, sondern so miteinander verbunden sein, dass, ausgehend von Fragen der Weltdeutung, der Lebenswahrnehmung und Lebensgestaltung, Aspekte theologischen und ethischen Urteilens sowie friedensorientierten Handelns und deren jeweilige religiöse und weltanschauliche Dimensionen thematisiert werden. Die Bezeichnung «ERG» verweist damit auf einen übergeordneten funktionalen Bezug: Das Fach ERG soll so gestaltet werden, dass es für alle Schüler offen ist. Es fördert damit in seinem Profil sowie seinen Zielformulierungen insbesondere die für interreligiöses Lernen unerlässliche Mehrperspektivität bzw. die Kompetenz zum Perspektivenwechsel. Es trägt überdies der interreligiös relevanten Tatsache der Verknüpfung religiöser Sachverhalte mit nicht-religiösen Kontexten und Begrifflichkeiten Rechnung.

Terminologisch zielt die Begriffskombination «ERG» auf eine überaus komplexe Thematik: Entsprechend schwierig gestaltet es sich, den Kompetenzbereich darauf aufbauend inhaltlich bestimmt und überschaubar zu fassen. In der Praxis besteht die Gefahr, dass – neben der wünschenswerten wechselseitigen Bezugnahme – die Unterscheidung vom einen zum anderen Teilbereich unterlaufen oder ein Teilbereich ganz ausgeklammert wird.[161]

Das Potenzial der Fachbereiche Ethik und Religion – oder, konkreter: der Teilbereiche Theologie, theologische Ethik-Ansätze, Philosophie sowie philosophische Ethik-Ansätze – ist grundsätzlich so ins Spiel zu bringen, dass ein Zusammenleben in der pluralistischen Gesellschaft unter Beibehaltung

---

160 So weist beispielsweise die beeindruckende Studie von John Hattie darauf hin, dass die wirkungsvollste Faktorengruppe für den Lernerfolg diejenige der Lehrpersonen ist, vgl. Hattie, Visible Learning. Zugleich ist, aus pädagogischer, aber auch gerade aus theologischer Sicht, die Dimension des Unverfügbaren in Bildungsprozessen nicht ausser Acht zu lassen.

161 Wenn vermieden werden soll, das Begreifen des gemeinsamen bildungsrelevanten Sachzusammenhangs der Inhalte von Religion, Kultur und Ethik der Unbestimmtheit zu überlassen, dann bedarf es einer sachhaltig orientierenden Begrifflichkeit. Eine solche kann allerdings nicht nur aus theoretischer Perspektive, sondern muss in Bezugnahme auf konkrete Tradition und den jeweils relevanten Kontext formuliert werden.

der jeweiligen themen- bzw. fachspezifischen Perspektiven möglich ist. Notwendig hierzu ist eine zumindest auf Lehrerseite bewusste Verhältnisbestimmung der beiden Grössen durch Differenzierung der jeweiligen Ansprüche. Eine solche hat auf dem jeweiligen Selbstverständnis dieser Ansprüche zu basieren und lässt sich nicht ohne bestimmte idealtypische Annahmen formulieren. Zu Recht verunmöglichen Ethik wie Religion, als je eigenständige Grössen, Versuche einer wechselseitigen Vereinnahmung. Sie sind zugleich aber – wenn ERG als Ort produktiver Beziehungen verstanden werden soll – nicht ohne wechselseitige Bezugnahme begreiflich zu machen. Auch von Seiten einer «säkularen» Ethik lässt sich ein Bezug zur Religion kaum umgehen: Versucht eine solche Ethik dasjenige zu eruieren, was sich jenseits der Vielheit kultureller und moralischer Perspektiven als das vernunftgemäss Verbindliche festhalten lässt, lässt sich durchaus ein Bündel von Prinzipien als das den meisten moralischen Vorstellungen Gemeinsame finden. Allerdings reicht ein solcher *overlapping consensus* nicht aus, um eine umfassende Handlungsorientierung anzustreben.

Der kaum zu bestreitenden Erkenntnis, dass die Fachbereiche Ethik und Religion nicht gleichzusetzen sind, jede Religion aber eine Ethik gleichsam impliziert, gilt es Rechnung zu tragen – im Forschungs- ebenso wie im Unterrichtskontext, in welchem mit Schülern die mit jeweiligen Lebenskonzepten verknüpften Verpflichtungen zu diskutieren und zu problematisieren sind. Curricular vorgegeben, werden im Fächerverbund ERG Themen und Fragestellungen behandelt, die über die Grenzen zwar des einstigen Fachbereichs Religion hinausreichen, aber nicht über die Grenzen der Dimension von Religion(en) selbst. In unterschiedlicher Weise zeigt sich dies auf den verschiedenen Klassenstufen: Ethische und erkenntnistheoretische Themen werden verknüpft, unterschiedliche Zugänge zu Menschenbild und entsprechenden Konsequenzen oder das Verhältnis von Glaube und Naturwissenschaft usw. zur Diskussion gestellt. Sofern die kategorialen Unterschiede zwischen Religion und Ethik nicht verwischt werden, ist eine Verknüpfung der Inhalte dieser Fächer sinnvoll. Dies bietet die Möglichkeit, religiöse und nicht-religiöse Aspekte zentraler Themen gemeinsam zu analysieren und stärkt auf diese Weise fächerübergreifende, zum Teil auch ausdrücklich interdisziplinäre Bildungsprozesse und Zusammenhänge. Zugleich wird auf diesem Weg die Ausbildung von Pluralitätsfähigkeit besonders unterstützt, etwa wenn das Verhältnis zwischen religiösen und nicht-religiösen Weltanschauungen und Wertvorstellungen reflektiert wird – exemplarisch ist hier zu denken an öffentlich relevante Querschnittsthemen und Fragestellungen wie Menschenrechte, Menschenwürde, Umweltschutz usw. Durch eine bewusste und gelingende Verknüpfung der Teilbereiche des Fachs ERG besteht potenziell die Möglichkeit einer wechselseitig bezugnehmenden religions- und moralbezogenen Wahrnehmung, Orientierung und Kommunikation für die Heranwachsenden. Ein im Fach ERG angebahntes interreligiöses Lernen vermag so die Blickwinkel der Heranwachsenden nicht nur religions- und moralbezogen zu erweitern, sondern entscheidend auch politisches und historisches Denken zu fördern. Es trägt auch auf diesem Weg insgesamt entscheidend zur Allgemeinbildung bei.

5.1.3 Interreligiöse Lernprozesse in der Schulkultur

Wenn das Fach ERG die Zielsetzung eines reflektierten und «starken» interreligiösen Lernens tatsächlich erfüllen soll, wird für diesen Unterricht eine didaktische Orientierung erforderlich, die nicht nur in einem interdisziplinären Sinne über das Fach hinausweist, sondern auch in einem sozialen oder institutionellen Sinne.

Gerade der Fokus «Gemeinschaft» innerhalb des Fachbereichs ERG lädt zu einer Gesamtschau dieses Anliegens ein, wenn es dort heisst: «Die Schülerinnen und Schüler werden herausgefordert, ihr Leben und Zusammenleben zu gestalten. Die Schule selber ist sowohl Erfahrungsraum als auch Übungsfeld dafür. Lebensfragen sind Herausforderungen für die Einzelnen und für das Leben in der Gemeinschaft. Vor dem Hintergrund gesellschaftlicher Individualisierung und Pluralisierung wird auch lebenskundliche Orientierung wichtiger. Auf jeder Stufe ergeben sich Anlässe, um Lebensfragen anzusprechen und lebenskundliche Themen zu bearbeiten. Das Leben in der Schule bietet Gelegenheiten, Erfahrungen der Selbst- und Eigenständigkeit zu machen sowie initiativ und verantwortlich zur Gemeinschaft beizutragen.»[162]

Ein solcher Unterricht soll insofern gerade erfahrungsbezogen Themen aus der eigenen Schule aufnehmen: Wie soll in der Schule Weihnachten gefeiert werden, wenn nicht alle Schüler dem Christentum angehören? Kann oder muss es an der Schule eine gemeinsame Feier zum Ramadan geben? Soll in der Schulmensa nur noch schweinefleisch-freies oder vegetarisches Essen angeboten werden? Gibt es auch an der eigenen Schule Diskriminierungserfahrungen aufgrund der Religionszugehörigkeit? Solche Fragen müssen – oft auf expliziten Hinweis von Seiten der ERG-Lehrperson – von der Schule insgesamt beantwortet werden. Als schulbezogener Reflexionsort religiöser und weltanschaulicher Pluralität übernimmt das Fach ERG auf diese Weise bewusst Mitverantwortung für die (inter-)religiös sensible Konzeption

---

162 Bildungsdepartement St. Gallen, Natur, Mensch, Gesellschaft, 15.

der Schule und der in ihr gelebten Beziehungen zwischen Menschen mit unterschiedlicher Religionszugehörigkeit oder auch ohne eine solche Zugehörigkeit.

5.2 Veranschaulichung

Insgesamt zeigt sich, dass der Sachverhalt der Religionsdidaktik auch im Rahmen des Fachs ERG ein hochkomplexer ist, dessen Herausforderungen nur mit einer diese Komplexitäten nicht vereinfachenden Antwort zu begegnen ist. Die bisherigen Ausführungen sollen an dieser Stelle an einem konkreten Beispiel, am Bildungsinhalt des Pfingstereignisses, veranschaulicht werden:

Denken liesse sich bei einer unterrichtlichen Thematisierung des Pfingstereignisses an ein alltagsbezogenes Anknüpfen an die Thematik von Feier- und Festtagen. Oder beispielsweise auch an ein klassisch textorientiertes Thematisieren anhand der entsprechenden biblischen Quelle (Apg 2,1–13). Solche Zugänge haben ihr eigenes Recht, lassen sich in vielfältigsten Varianten und kreativen Sprachformen denken und werden in der Praxis auch vielseitig und in positivster Weise sichtbar. Angesichts des hier vertretenen Verständnisses interreligiösen Lernens muss dabei und darüber hinaus – altersstufenabhängig – stets der Gehalt dieser Tradition thematisiert werden. Konkret bedeutet dies:

Im Hinblick auf das Theologische des Bildungsinhalts

Das Pfingstereignis besagt nach christlich-theologischem Verständnis, dass Gott jeden das Evangelium in seiner eigenen Sprache hören lässt. Es lässt sich damit geradezu schon als eine erste Verwirklichung der weltweiten Ausbreitung des Evangeliums deuten. Zum Theologischen dieses Bildungsinhalts gehören damit nicht nur die Quelle und deren – historisch rekonstruierbare – Deutungsgeschichte, beispielsweise hinsichtlich trinitarischer Deutungen. Theologisch zu eröffnen ist darüber hinaus auch der tiefere religiöse Sinn dieser Tradition: Sie verweist auf die verschiedenen Arten, wie auf das Ereignis – auf das Hören des Evangeliums – reagiert wird bzw. werden kann: mit Begeisterung, mit Befremdung, mit Verstörung.

Eine unterrichtliche Thematisierung des Pfingstereignisses eröffnet damit theologisch Möglichkeiten der Fokussierung auf das Moment des Unverfügbaren, auf das Moment des «Ergriffenwerdens», das Moment einer prophetischen, «system-störenden» Erfahrung. In Hinsicht auf die Rede über Gott eröffnet es Möglichkeiten der Rede von Transzendenzerfahrungen – dessen, «was einen unbedingt angeht» –, über die Vorstellung oder das Spüren verschiedener Wirkungsweisen des Göttlichen, in umfassender oder unauffälliger Weise usw.

Im Hinblick auf Theologie als deutungsmächtige und deutungsermächtigende Perspektive

Auf anderer Ebene lassen sich hier gerade theologisch Grenzen aufzeigen zwischen der Erfahrung verschiedener Positionierungen – nicht etwa der genannten verschiedenen Sprachen, die sich gegenseitig doch verständlich zu werden scheinen (Apg 2,6) –, sondern derjenigen, die ergriffen, und derjenigen, die darüber befremdet (Apg 2,12f) sind. Der Anschluss solcher theologischer Interpretationen an gegenwärtige politische Diskurse ist unmittelbar gegeben: Mit der Frage, in wessen oder welchem Geist eine Handlung erfolgt, mit der Frage unterschiedlicher Geister, mit der Frage nach missbräuchlichen Formen von Be-Geisterung usw.

Das Pfingstereignis und dessen Rezeption im Laufe der Christentumsgeschichte öffnet einen Sinn für die verschiedenen Deutungen einer Thematik, die auf anthropologische Grunderfahrungen verweist, aber eben rein kognitiv nicht fassbar ist. Gerade vor dieser Einsicht lässt sich das Pfingstereignis nur in seiner tieferen Bedeutung thematisieren und deuten, wenn auch ästhetische, affektiv konnotierte, vielseitig sprachliche und symbolische, spirituelle Dimensionen berücksichtigt werden.

Im Blick auf das Bildungsziel des Erlernens von Deutungskompetenzen, der individuellen Reflexion und der kreativen Sprachfindung liesse sich hier an ein Öffnen der Thematik «Geist» hin zu verschiedenen religiösen Traditionen und theologische Interpretationen denken. Dabei ist die Erfahrung des Pfingstereignisses in Hinsicht auf ein «befremdet oder gar verstört sein» als mögliche Deutungsreaktion gerade unterrichtlich miteinzuschliessen und aufzunehmen.

Im Hinblick auf die Thematisierung von Wahrheit

Anhand der Überlieferung, Traditionsbildung und theologischen Interpretation des Pfingstereignisses lassen sich, im Rahmen des Wahrnehmens und Verstehens faktischer Pluralität, die Frage der Wahrheit und hier die Grenzen des sprachlich Erklärbaren explizit zur Sprache bringen. Implizit muss sich das Bewusstsein um und die Offenheit für ein dynamisches, suchend zu verstehendes Verständnis von Wahrheit ohnehin zeigen – in einer unterrichtlichen Lernbewegung, die didaktisch Deutungsräume offenhält, Deutungsschwierigkeiten aufzeigt und für die geschichtlich fassbare Vieldeutigkeit des Pfingstereignisses sensibilisiert.

6. Ausblick und Impulse

Die hier vorgelegte Studie versteht sich als Plädoyer dafür, eine Didaktik interreligiösen Lernens in theologischer Perspektive für die Bereiche akademischer Forschung und Lehre, Aus- und Weiterbildung, die schulische Unterrichtspraxis sowie im Zusammenhang aktueller bildungspolitischer Debatten zu profilieren und weiter zu etablieren.

Diese theologisch-religionspädagogische Annäherung im Horizont einer Öffentlichen Religionspädagogik zielt darauf ab, die im Zusammenhang postmoderner Transformationen sich vollziehenden Veränderungsprozesse der multireligiösen Gesellschaft konstruktiv wahrzunehmen und sich den damit verbundenen religionsbezogenen und weltanschaulichen Herausforderungen zu stellen.

Gesellschaftlicher und religiöser Pluralismus werden dabei weder als Hindernis noch als Relativierung religionsbezogener Bildung gesehen, sondern mit Blick auf das Erbe und die Wirkungsgeschichte der verschiedenen Traditionen als Gegebenheit bejaht und als Chance für das religionspädagogische Handeln begriffen – gleichsam als «Voraussetzung für eine religiöse Bildung, wie sie eben nur dort möglich ist, wo es Alternativen gibt und nicht alles schon festliegt.»[163]

Dass eine staatlich verantwortete Allgemeinbildung, die Mündigkeit und Verantwortung zum Ziel hat, auf ihre existenziellen und damit auch ihre religiösen Bezüge verzichten könnte, erscheint kurzsichtig und wenig verantwortungsvoll. Ein säkularer Staat, der unter dem Diktum, wonach Religion Privatsache sei, öffentlich agiert und die entsprechenden bildungspolitischen Entscheidungen fällt, stellt sich nur auf den ersten Blick als vermeintlich fortschrittlich dar. Zudem hat weit mehr, als dies bildungstheoretisch gemeinhin zum Thema gemacht wird, das Plädoyer für eine vermeintlich tolerante neutrale Bildung in Form von rein historisierendem oder kulturwissenschaftlichem Reden über Weltanschauungen und Religion eine eher kontraproduktive Wirkung. Wird Religion in «neutraler» Weise thematisiert, so bleibt der Unterricht bestenfalls folgenlos und kann im negativen Fall sogar seinem allgemeinbildenden Anspruch zuwiderlaufen. Es könnte dann sogar sinnvoller sein, auf eine solche Spielart «neutraler» religionsbezogener Bildung im öffentlichen Raum zu verzichten.

Demgegenüber wird interreligiöses Lernen im vorliegenden Zusammenhang als Lerndimension gefasst, im Rahmen derer – im Diskurs mit den ver-

[163] Schweitzer, Religionspädagogische Theoriebildung, 83.

schiedenen Fachwissenschaften – interreligiöse Potenziale und Konfliktlagen wahrgenommen und diese in Beziehung mit den situativ relevanten Traditionselementen sowie der je eigenen Lebensdeutung gesetzt werden. Eine solche Didaktik interreligiösen Lernens in theologischer Perspektive, die persönliche Religion und die damit verbundenen Selbst- und Weltdeutungen ernst nimmt, versteht und ermöglicht religionsbezogenes Lernen als selbstbestimmten Aufbau eigener Identität in Prozessen kritischen Wahrnehmens und Reflektierens persönlicher Erfahrungen und überlieferter Traditionen.[164] Dialogische Traditionsorientierung und differenzbewusste Situationsorientierung bilden damit in Prozessen interreligiösen Lernens ein Zusammenspiel, durch das immer wieder neue Räume freiheitlichen Verstehens eröffnet werden.

Vor dem Hintergrund der hier vorgelegten Ausführungen ergeben sich bestimmte didaktische und methodische Konsequenzen, und, in Zusammenhang damit, Konsequenzen für das Selbstverständnis der Lehrpersonen, für die daraufhin orientierte Lehrerbildung sowie die zukünftige Forschung: Diese seien in Form von Impulsen und Anstössen für die zukünftige Diskussion an das Ende dieser Studie gestellt:

Interreligiöses Lernen erfordert in pädagogischer Hinsicht zuallererst die reflektierte Wahrnehmung der Vielfalt unterschiedlicher religiöser und weltanschaulicher Überzeugungen und Weltzugänge. Dies bringt die Verpflichtung mit sich, Religion in ihrer historischen und die Gesellschaft prägenden Gestalt zu thematisieren und sich mit deren pluriformen Erscheinungsformen auseinanderzusetzen.

Das «inter» interreligiösen Lernens verweist auf die didaktische Notwendigkeit des Perspektivenwechsels nicht nur zwischen einer vermeintlichen Innen- und Aussenperspektive von Religion, sondern auch zwischen verschiedenen religiösen Weltzugängen und deren spezifischen Sprach-, Wahrnehmungs- und Handlungssystemen.

Interreligiöses Lernen fordert auf Seiten der Lehrpersonen und ermöglicht auf Seiten der Schülerinnen und Schüler die individuelle Reflexion des je eigenen Weltzugangs und die gemeinschaftlich-öffentliche Reflexion im Blick auf das Gemeinwohl andererseits und befördert das wechselseitige Zusammenspiel beider Reflexionsformen.

---

164 Jeder didaktische Ansatz interessiert sich, will er der Pluralität gerecht werden, insbesondere für die Wahrnehmung von Differenzen – diachron oder synchron – zwischen Situation und Tradition (und Utopie bzw. Hoffnung) und sucht nach Möglichkeiten produktiver Differenzerfahrungen für die Schüler, vgl. Grümme, Differenz denken?; ders., Fremdheit und Differenz.

Interreligiöses Lernen fördert das Bewusstsein um die Grenzen interreligiösen Verstehens und thematisiert friedensorientierte Möglichkeiten und Wege des Umgangs mit bestehenden Differenzen und Konflikten.

Religionsbezogene Bildungsinhalte sind sowohl in religionskundlicher wie in theologischer Perspektive zu thematisieren. Notwendig ist auf Seiten der Lehrpersonen die Kompetenz, mit der Spannung von individueller Religionsfreiheit und existenzieller Thematisierung von Religion umzugehen. Gefordert ist dazu eine differenzierte religionsbezogene und theologische Sprachfähigkeit.

Ein «Theologisieren» im Sinn theologischen Denkens, Reflektierens und Kommunizierens stellt einen wesentlichen Aspekt guten Religionsunterrichts dar. Ein solches «Theologisieren» ist dabei in vielfältigem und vielsprachigem – auch nonverbalem – Sinn zu verstehen. Im Hinblick auf die verschiedenen Klassenstufen und aufgrund der unterschiedlichen Lebensalter sind methodisch und sprachlich je spezifische Zugänge zu den theologischen Inhalten gefordert.

Gefordert ist auf Seiten der Lehrpersonen einerseits die Offenheit zum Dialog über die eigene Grundhaltung und eine Sensibilität dafür, inwieweit und in welcher Form die persönliche Kommunikation über die eigene religionsbezogene Selbstverortung im Religionsunterricht pädagogisch und politisch sinnvoll oder sogar notwendig ist.

Im öffentlichen Bildungskontext der Schule ist gerade aufgrund ihres allgemeinbildenden Anspruchs eine spezifisch auf religionsbezogene Bildungsinhalte bezogene, fächerübergreifende Zusammenarbeit gefordert. Denn Fragen des Zusammenlebens in der multireligiösen Gesellschaft können nicht isoliert im schulischen Religionsunterricht behandelt werden, sondern stellen sich im Zusammenhang der gesamten Kultur einer Schule.

Wie religionsbezogene Bildung in ihrer öffentlichen Relevanz pädagogisch und theologisch sachgemäss entfaltet werden kann, bedarf einer möglichst umfassenden empirisch basierten, bildungstheoretisch reflektierten Fundierung. Dieser komplexen theorie- und praxisbezogenen Aufgabenstellung muss sich alle religionspädagogische Lehre und Forschung verstärkt stellen. Denn erst von möglichst gut gesicherten Grundlagen aus wird die zukünftige Aus- und Weiterbildung von Religionslehrpersonen und damit das interreligiöse Lernen am öffentlichen Bildungskontext Schule ein überzeugendes und zukunftsfähiges Profil erlangen.

Literatur

Arens, E., Ist Theologie Luxus?, in: E. Arens/H. Hoping (Hg.), Wieviel Theologie verträgt die Öffentlichkeit? Freiburg 2000, 171–194.

Arens, E./Baumann, M./Liedhegener, A./Müller, W. W. u. Ries, M., Religiöse Identitäten und gesellschaftliche Integration. Baden-Baden 2017.

Astley, J., Ordinary Theology. Looking, Listening and Learning in Theology. Aldershot 2002.

Astley, J./Francis, L. J., Exploring Ordinary Theology. Everyday Christian Believing and the Church. Farnham 2013.

Auernheimer, G., Interkulturelle Pädagogik. Darmstadt 2016.

Barth, K., Das Wort Gottes als Aufgabe der Theologie (1922), in: ders., Vorträge und kleinere Arbeiten 1922–1925, hg. v. H. Finze, GA III. Zürich 1990, 144–175.

Bauer, T., Die Vereindeutigung der Welt. Über den Verlust an Mehrdeutigkeit und Vielfalt. Stuttgart 2018.

Baumann, M./Stolz, J. (Hg.), Eine Schweiz – viele Religionen. Bielefeld 2007.

Baumert, J., Deutschland im internationalen Bildungsvergleich, in: N. Killius u. a. (Hg.), Die Zukunft der Bildung. Frankfurt 2000, 100–150.

Benner, D., Hauptströmungen der Erziehungswissenschaft. Eine Systematik traditioneller und moderner Theorien. München 1973.

Benner, D., Die Struktur der Allgemeinbildung im Kerncurriculum moderner Bildungssysteme, in: Zeitschrift für Pädagogik 48 (2002), 68–90.

Benner, D., Bildungsstandards und Qualitätssicherung im Religionsunterricht. Günter Biemer zum 75. Geburtstag, in: RPB 53 (2004), 5–19.

Benner, D./Schieder, R./Schluß, H. u. Willems, J. (Hg.), Religiöse Kompetenz als Teil pädagogischer Bildung. Versuch einer empirisch, bildungstheoretisch und religionspädagogisch ausgewiesenen Konstruktion religiöser Dimensionen und Anspruchniveaus. Paderborn 2011.

Berger, P. A./Hock, K./Klie, T. (Hg.), Religionshybride. Religion in posttraditionalen Kontexten. Wiesbaden 2013.

Berger, P. L., Der Zwang zur Häresie. Religion in der pluralistischen Gesellschaft. Frankfurt a. M. 1980.

Berger, P. L./Steets, S. u. Weisse, W. (Hg.), Zwei Pluralismen. Positionen aus Sozialwissenschaft und Theologie zu religiöser Vielfalt und Säkularität. Münster/New York 2017.

Bernhardt, R., Theologie an der Universität unter Rechtfertigungsdruck. Eine Basler Perspektive, in: Informationes Theologiae Europae, Frankfurt a. M. 2007, 9–26.

Bernhardt, R./Schmidt-Leukel, P. (Hg.), Multiple religiöse Identität. Aus verschiedenen Traditionen schöpfen. Zürich 2008.

Bertelsmann-Stiftung, Religionsmonitor 2013. Verstehen, was verbindet. Religiosität im internationalen Vergleich. Gütersloh 2013.

Biehl, P., Die Gottebenbildlichkeit des Menschen und das Problem der Bildung – Zur Neufassung des Bildungsbegriffs in religionspädagogischer Perspektive, in: ders./K. E. Nipkow, Bildung und Bildungspolitik in theologischer Perspektive. Münster 2003, 9–102.

Biehl, P./Rothgangel, M., Hat die Rede von Konzeptionen noch ihr Recht? Ein Briefwechsel zur jüngeren Geschichte der Religionspädagogik, in: H. F. Rupp/R. Wunderlich u. M. L. Pirner (Hg.), DenkWürdige Stationen der Religionspädagogik. Festschrift für Rainer Lachmann. Jena 2005, 427–442.

Biesinger, A./Hänle, J., Gott – mehr als Ethik. Der Streit um LER und Religionsunterricht. Freiburg 1997.

Bietenhard, S./Helbling, D. u. Schmid, K. (Hg.), Ethik, Religionen, Gemeinschaft. Ein Studienbuch. Bern 2015.

Bildungsdepartement St. Gallen, Natur, Mensch, Gesellschaft. Einleitende Kapitel (Lehrplan Volksschule basierend auf dem Lehrplan 21) (2017), in: http://sg.lehrplan.ch/lehrplan_printout.php?e=1&fb_id=6.

Bildungsdepartement St. Gallen, Natur, Mensch, Gesellschaft. Grundlagen des Lehrplans Volksschule basierend auf dem Lehrplan 21 (2017), in: http://sg.lehrplan.ch/lehrplan_printout.php?e=1&fb_id=200.

Bildungsdepartement St. Gallen, Rahmenbedingungen des Lehrplans Volksschule basierend auf dem Lehrplan 21 (2017), in: http://sg.lehrplan.ch/index.php?code=e|90|1.

Böttcher, V., Umstrittene Identität. Perspektiven der Religionspädagogik, in: W. Weisse (Hg.), Vom Monolog zum Dialog. Ansätze einer dialogischen Religionspädagogik. Münster [2]1999, 138–162.

Boschki, R., «Beziehung» als Leitbegriff der Religionspädagogik. Grundlegung einer dialogisch-kreativen Religionsdidaktik. Ostfildern 2003.

Brumlink, M., Interreligiöser Dialog. Toleranz oder fruchtbare Kontroverse?, in: G. Klinkhammer u. A. Satilmis (Hg.), Interreligiöser Dialog auf dem Prüfstand. Kriterien und Standards für die interkulturelle und interreligiöse Kommunikation. Münster 2008, 47–66.

Bundesverfassung der Schweizerischen Eidgenossenschaft (18. Mai 2014), in: https://www.admin.ch/opc/de/classified-compilation/19995395/201405180000/101.pdf.

Cebulj, C./Jakobs, M./Kessler, A./Loiero, S./Noth, I. u. Schlag, T. (Hg.), Bildung braucht Religion. Religionspädagogische Stellungnahme zum Lehrplan 21, in: Schweizerische Kirchenzeitung 181 (2013), 51f.

Dalferth, I. U., Vor Gott gibt es keine Beobachter. Öffentlichkeit, Universität und Theologie, in: ders., Gedeutete Gegenwart. Zur Wahrnehmung Gottes in den Erfahrungen der Zeit. Tübingen 1997.

Dalferth, I. U., Theologie im Kontext der Religionswissenschaft. Selbstverständnis, Methoden und Aufgaben der Theologie und ihr Verhältnis zur Religionswissenschaft, in: ThLZ 126 (2001), 3–20.

Dalferth, I. U., Evangelische Theologie als Interpretationspraxis. Eine systematische Orientierung. Leipzig 2004.

Deutschschweizer Erziehungsdirektoren-Konferenz (D-EDK), Lehrplan 21, Zum Fachbereich Ethik, Religionen, Gemeinschaft (mit Lebenskunde) (2015), in: https://v-fe.lehrplan.ch/index.php?code=b|6|5

Dressler, B., Interreligiöses Lernen. Alter Wein in neuen Schläuchen?, in: ZPT 55 (2003), 113–124.

Dressler, B., Religiöse Bildung zwischen Standardisierung und Entstandardisierung. Zur bildungstheoretischen Rahmung religiösen Kompetenzerwerbs, in: theo-web 4 (2005), 50–63.

Dressler, B., Unterscheidungen. Differenz und Fremdheit in (religiösen) Bildungsprozessen, in: D. Fischer (Hg.), Qualität der Lehrerfortbildung. Kriterien und Umgang mit Differenzen. Münster 2007, 11–16.

Dressler, D., Bildung und Religion. Welterschliessung als Unterscheidungsvermögen, in: G. Guttenberger/B. Husmann (Hg.), Begabt für Religion. Religiöse Bildung und Begabtenförderung. Göttingen 2007, 15–30.

Dressler, B., ‹Religiös reden› und ‹über Religion reden› lernen. Religionsdidaktik als Didaktik des Perspektivenwechsels, in: B. Grümme/H. Lenhard u. M. L. Pirner (Hg.), Religionsunterricht neu denken, in: innovative Ansätze und Perspektiven der Religionsdidaktik. Ein Arbeitsbuch. Stuttgart 2012, 68–78.

Ebel, E., Rolle und Professionsverständnis der Lehrperson, in: S. Bietenhard/D. Helbling u. K. Schmid (Hg.), Ethik, Religionen, Gemeinschaft. Ein Studienbuch. Bern 2015, 156–163.

Englert, R., Dimensionen religiöser Pluralität, in: F. Schweitzer/R. Englert/U. Schwab u. H.-G. Ziebertz (Hg.), Entwurf einer pluralitätsfähigen Religionspädagogik. Gütersloh/Freiburg i. Br 2002, 17–50.

Englert, R., Religionspädagogische Grundfragen. Anstösse zur Urteilsbildung. Stuttgart 2008.

Englert, R., Religion gibt zu denken. Eine Religionsdidaktik in 19 Lehrstücken. München 2012.

Englert, R. u. a. (Hg.), Religionspädagogik in der Transformationskrise. Ausblicke auf die Zukunft religiöser Bildung. Neukirchen-Vluyn 2014, 53.

Faust-Siehl, G., Gesprächsformen, in: G. Bitter u. D. Blum (Hg.), Neues Handbuch religionspädagogischer Grundbegriffe. München 2002, 474–476.

Forrester, D. B., Theological Fragments. Explorations in Unsystematic Theology. London 2005.

Frank, K./Jödicke, A., Öffentliche Schule und religiöse Vielfalt. Themen, Probleme, Entwicklungen, in: M. Baumann u. J. Stolz, Eine Schweiz – viele Religionen. Bielefeld 2007, 273–285.

Freire, P., Pädagogik der Unterdrückten. Bildung als Praxis der Freiheit (1970). Reinbek bei Hamburg 1993.

Fuchs, O., Zwischen Wahrhaftigkeit und Macht. Pluralismus in der Kirche? Frankfurt a. M. 1990.

Gabriel, K., Christentum im Umbruch zur «Post»-Moderne, in: H. Kochanek (Hg.), Religion und Glaube in der Postmoderne. Nettetal 1996, 39–59.
Gärtner, C., Vom interreligiösen Lernen zu einer lernort- und altersspezifischen interreligiösen und interkulturellen Kompetenzorientierung. Einblicke in aktuelle Entwicklungen im Forschungsfeld «Interreligiöse Bildung», in: PThI 35 (2015), 281–298.
Gerhardt, V., Öffentlichkeit. Die politische Form des Bewusstseins, München 2012.
Gräb, W./Charbonnier, L. (Hg.), Wer lebt mich? Die Praxis der Individualität zwischen Fremd- und Selbstbestimmung. Berlin 2015.
Grimmit, M., Religionspädagogik im pluralistischen und multikulturellen Kontext, in: Jahrbuch der Religionspädagogik (JRP) 8 (1991), 37–54.
Grözinger, A./Pfleiderer, G. (Hg.), «Gelebte Religion» als Programmbegriff Systematischer und Praktischer Theologie, Zürich 2002.
Gruchy, J. de, From Political to Public Theologies: The Role of Theology in Public Life in South Africa, in: W. F. Storrar/A. R. Morton (Eds.), Public Theology for the 21st Century. Essays in honour of Duncan Forrester. London/New York 2004, 45–62.
Grümme, B., Religionsunterricht und Politik. Bestandsaufnahme – Grundsatzüberlegungen – Perspektiven für eine politische Dimension des Religionsunterrichts. Stuttgart 2009.
Grümme, B., Differenz denken? Überlegungen zu einer alteritätstheoretischen Dialogizität, in: U. Schwab/H.-G. Ziebertz/R. Englert u. F. Schweitzer (Hg.), Welche Religionspädagogik ist pluralitätsfähig? Kontroversen um einen Leitbegriff. Freiburg 2012, 158–170.
Grümme, B., Fremdheit und Differenz als gefährliches Problem. Kommentar zu Lother Kulds Kritik des Alteritätstheorems, in: U. Schwab/H.-G. Ziebertz/R. Englert u. F. Schweitzer (Hg.), Welche Religionspädagogik ist pluralitätsfähig? Kontroversen um einen Leitbegriff. Freiburg 2012, 156–157.
Grümme, B., Öffentliche Religionspädagogik. Religiöse Bildung in pluralen Lebenswelten. Stuttgart 2015.
Grümme, B., «Die Jugend im Religionsunterricht ist auch nicht mehr die, die sie mal war». Der Pluralismusbegriff der Religionspädagogik und seine Tragfähigkeit angesichts neuerer Jugendforschungen, in: Polonia Sacra 20, Nr. 4 (45) (2016), 137–154.
Grümme, B., Heterogenität in der Religionspädagogik. Grundlagen und konkrete Bausteine. Freiburg i. Br. 2017.
Grümme, B., Aufbruch in die Öffentlichkeit. Reflexionen zum «public turn» in der Religionspädagogik. Bielefeld 2018.
Grümme, B./Schlag, T., Gerechter Religionsunterricht. Religionspädagogische, pädagogische und sozialethische Orientierungen. Stuttgart 2016.
Grümme, B./Schlag, T., Art. «Emanzipation», in: WiReLex 2018 (i. Ersch.).
Habermas, J., Wahrheit und Rechtfertigung. Philosophische Aufsätze. Frankfurt a. M. 1999.

Hattie, J., Visible Learning. A synthesis of over 800 mata-analyses relating to achievement. Abingdon 2008.

Haussmann, W., Wie lässt sich interreligiöse Erziehung in Lehrplänen und Schulbüchern für den konfessionellen Religionsunterricht verankern, in: J. Lähnemann (Hg.), Interreligiöse Erziehung 2000. Die Zukunft der Religions- und Kulturbegegnung. Hamburg 1998, 325–334.

Heger, J., Wissenschaftstheorie als Perspektivenfrage?! Eine kritische Diskussion wissenschaftstheoretischer Ansätze der Religionspädagogik. Paderborn 2017.

Heimbrock, H.-G., Leben in multikultureller Gesellschaft. Lernaufgaben für die Religionspädagogik, in: Jahrbuch für Religionspädagogik (JRP) 8 (1992), 55–70.

Heimbrock, H.-G. (Hg.), Taking Position. Empirical studies and theoretical reflections on Religious Education and worldview. Teacher's Views about their personal Commitment in RE Teaching. International contributions. Münster/New York 2017.

Heine, S./Özsoy, Ö./Schwöbel, C. u. Takim, A. (Hg.), Christen und Muslime im Gespräch. Eine Verständigung über Kernthemen der Theologie. Gütersloh 2014.

Herms, E., Pluralismus aus Prinzip, in: E. Herms (Hg.), Kirche für die Welt. Lage und Aufgabe der evangelischen Kirchen im vereinigten Deutschland. Tübingen 1995, 467–485.

Jäggle, M./Rothgangel, M. u. Schlag, T. (Hg.), Religiöse Bildung an Schulen in Europa. Teil 1: Mitteleuropa. Unter Mitarbeit von P. Klutz/M. Solymár. Göttingen 2013.

Jakobs, M., Herausforderung Heterogenität, in: K. Schmid (Hg.), Religion lernen in der Schule. Bern 2011, 104–110.

Joas, H., Braucht der Mensch Religion? Über Erfahrungen der Selbsttranszendenz. Freiburg i. Br. 2004.

Joas, H., Glaube als Option. Zukunftsmöglichkeiten des Christentums. Freiburg i. Br. 2012.

Käbisch, D., Erfahrungsbezogener Religionsunterricht. Eine religionspädagogische Programmformel in historischer und systematischer Perspektive. Tübingen 2009.

Käbisch, D., Religionsunterricht und Konfessionslosigkeit. Eine fachdidaktische Grundlegung. Tübingen 2014.

Kenngott, E.-M./Englert, R. u. Knauth, T. (Hg.), Konfessionell – interreligiös – religionskundlich. Unterrichtsmodelle in der Diskussion. Stuttgart 2015.

Kiechle, J./Ziebertz, H., Konfliktmanagement als Kompetenz interreligiösen Lernens, in: P. Schreiner/U. Sieg u. V. Elsenbast (Hg.), Handbuch interreligiöses Lernen. Gütersloh 2005, 282–293.

Knoblauch, C., «Interreligiöser Dialog beginnt an den Wurzeln». Religions-unterricht und Religious Studies auf der Suche nach interreligiösem Verständnis. Eine Analyse und empirisch-explorative Vergleichsstudie beider Konzeptionen. Ostfildern 2011.

Koller, H.-C., Bildung anders denken. Einführung in die Theorie transformatischer Bildungsprozesse. Stuttgart ^{2}2018.

Korff, W., Art. «Ethik» Theologisch, III. Systematisch, in: LThK 3 (2009), 923–929.
Künzli, R., Art. «Lernen», in: D. Benner u. J. Oelkers (Hg.), Historisches Wörterbuch der Pädagogik. Weinheim 2010, 620–637.
Kumlehn, M., Dynamis der Differenz. Differenztheoretische Impulse für religiöse Bildungsprozesse im Zeitalter des Pluralismus, in: T. Klie/D. Korsch/U. Wagner-Rau (Hg), Differenz-Kompetenz. Religiöse Bildung in der Zeit. Leipzig 2012, 45–60.
Kunstmann, J., Religion und Bildung. Zur ästhetischen Signatur religiöser Bildungsprozesse. Gütersloh/Freiburg i. Br. 2002.
Kutschera, F. v., Vernunft und Glaube. Berlin 1990.
Lachmann, R./Adam, G. u. Rothgangel, M. (Hg.), Ethische Schlüsselprobleme. Lebensweltlich – theologisch – didaktisch. Göttingen ^{2}2015.
Lange, F. de, Public Theology and Health Care, in: S. Kim/K. Day (Eds.), A Companion to Public Theology. Leiden/Boston 2017, 325–346.
Leimgruber, S., Interreligiöses Lernen. München 2007.
Lindner, K./Schambeck, M./Simojoki, H. u. Naurath, E. (Hg.), Zukunftsfähiger Religionsunterricht. Konfessionell – kooperativ – kontextuell. Freiburg i. Br. 2017.
Lösch, K., Begriff und Phänomen der Transdifferenz. Zur Infragestellung binärer Differenzkonstrukte, in: L. Allolio-Näcke/B. Kalscheuer u. A. Manzeschke (Hg.), Differenzen anders denken. Bausteine zu einer Kulturtheorie der Transdifferenz. Frankfurt 2005, 26–49.
Mannion, G., A brief genealogy of public theology, or doing theology when it seems nobody is listening, in: Annali di Studi Religiosi 10 (2009), 121–154.
Mendl, H., Religion zeigen. Religion erleben. Religion verstehen. Ein Studienbuch zum Performativen Religionsunterricht. Stuttgart 2016.
Menze, C., Art. «Bildung», in: J. Speck u. G. Wehle (Hg.), Handbuch pädagogischer Grundbegriffe. München 1970.
Meyer-Blanck, M., Praktische Theologie und Religion, in: C. Grethlein u. H. Schwier (Hg.), Praktische Theologie. Eine Theorie- und Problemgeschichte. Leipzig 2007, 353–398.
Meyer-Blanck, M., Unterscheiden, was zusammengehört. Zum Verhältnis von Wahrheitsfrage und Wirklichkeitsdeutung im Kontext religiöser Bildung, in: ZPT 68 (2016), 7–18.
Möller, R./Sajak, C. P. u. Khorchide, M., Kooperation im Religionsunterricht. Chancen und Grenzen interreligiösen Lernens. Münster 2017.
Mokrosch, R./Held, T. u. Czada, R. (Hg.), Religionen und Weltfrieden. Friedens- und Konfliktlösungspotenziale von Religionsgemeinschaften. Stuttgart 2013.
Müller, Jan-Werner, Was ist Populismus? Ein Essay. Berlin 2016.
Münk, H. J./Durst, M. (Hg.), Christliche Identität in pluraler Gesellschaft. Freiburg 2005.
Naurath, E./Blasberg-Kuhnke, M./Gläser, E./Mokrosch, R. u. Müller-Using, S. (Hg.), Wie sich Werte bilden. Fachübergreifende und fachspezifische Wertebildung. Göttingen 2013.
Nipkow, K. E., Bildung in einer pluralen Welt. Religionspädagogik im Plura-lismus. Gütersloh 1998.

Nipkow, K. E., Art. «Pluralität, Pluralismus», in: N. Mette u. F. Rickers (Hg.), Lexikon der Religionspädagogik Bd. 2. Darmstadt 2001, 1520–1525.

Nipkow, K. E., Das Eigene und das Fremde. Perspektiven für ein evangelisches Bildungsverständnis im Pluralismus, in: S. Bitter (Hg.), Nachdenken – Vordenken. Evangelische Perspektiven zur Jahrhundertwende. Rheinbach 2001, 81–105.

Nipkow, K. E., Dialogprinzipien eines pluralismusfähigen Religionsunterrichts am Beispiel von Christentum und Islam, in: U. Baumann (Hg.), Islamischer Religionsunterricht. Grundlagen, Begründungen, Berichte, Projekte, Dokumentationen. Frankfurt a. M. 2001, 144–163.

Nipkow, K. E., Multikulturelle und multireligiöse Erziehung in der Schule, in: ZPT 54 (2002), 101–117.

Nipkow, K. E., Pädagogik und Religionspädagogik zum neuen Jahrhundert. Gütersloh 2005.

Nipkow, K. E., Versöhnung universal? Bildung als Überwindung von Freund-Feind-Schablonen, in: J. Lähnemann (Hg.), Bewahrung – Entwicklung – Versöhnung. Religiöse Erziehung in globaler Verantwortung. Schenefeld 2005, 164–179.

Nipkow, K. E., Ziele interreligiösen Lernens als mehrdimensionales Problem, in: P. Schreiner/U. Sieg u. V. Elsenbast (Hg.), Handbuch interreligiöses Lernen. Gütersloh 2005, 362–380.

Nipkow, K. E., Der schwere Weg zum Frieden. Geschichte und Theorie der Friedenspädagogik von Erasmus bis zur Gegenwart. Gütersloh 2007.

Nipkow, K. E., Grundoptionen gelingender Glaubenskommunikation in lerntheoretischer und anthropologisch-theologischer Spiegelung, in: R. Boschki/K. Kissling/H. Kohler-Spiegel/M. Scheidler u. T. Schreijäck (Hg.), Religionspädagogische Grundoptionen. Elemente einer gelingenden Glaubenskommunikation. Freiburg i. Br. 2008, 44–58.

Nord, I./Schlag, T., Renaissance religiöser Wahrheit. Thematisierungen und Deutungen in praktisch-theologischer Perspektive. Leipzig 2017.

Parratt, J. (Hg.), A Guide to Doing Theology. Minneapolis 2015.

Peukert, H., Tradition und Transformation, in: RpB 19 (1987), 16–34.

Peukert, H., Bildung als Wahnehmung des Anderen. Der Dialog im Bildungsdenken der Moderne, in: I. Lohmann u. W. Weisse (Hg.), Dialog zwischen den Kulturen. Erziehungshistorische und religionspädagogische Gesichtspunkte interkultureller Bildung. Münster/New York 1994, 1–14.

Peukert, H., Reflexionen über die Zukunft religiöser Bildung, in: Religions-pädagogische Beiträge 49 (2002), 49–66.

Porzelt, B., Grundlegung religiöses Lernen. Eine problemorientierte Einfüh-rung in die Religionspädagogik. Bad Heilbrunn ^{2}2013.

Rat der Evangelischen Kirche in Deutschland (EKD) (Hg.), Christlicher Glaube und religiöse Vielfalt in evangelischer Perspektive. Gütersloh 2015.

Rickers, F., Interreligiöses Lernen. Die religionspädagogische Herausforderung unserer Zeit, in: F. Rickers u. E. Gottwald (Hg.), Vom religiösen zum interreligiösen Lernen. Neukirchen-Vluyn 1998, 119–139.

Riegel, U., Wie Religion in der Zukunft unterrichten? Zum Konfessionsbezug des Religionsunterrichts von (über-)morgen. Stuttgart 2018.

Roebben, B, Theology made in Dignity. On the Precarious Role of Theology in Religious Education. Leuven/Paris/Bristol 2016.

Roggenkamp, A., Neue Wege in der Religionspädagogik?! Zum Umgang mit religiöser Vielfalt, in: Theo-Web 5 (2006), 65–77.

Rothgangel, M. u. Hilger, G., Art. «Schüler, Schülerorientierung», in: N. Mette (Hg.), Lexikon der Religionspädagogik Bd. 2. Neukirchen-Vluyn 2001, 1932–1938.

Sajak, C. P., Das Fremde als Gabe begreifen. Auf dem Weg zu einer Didaktik der Religionen aus katholischer Perspektive. Münster 2005.

Sajak, C. P., «Das Fremde als Gabe entdecken». Anregungen aus England für eine Didaktik der Religionen im katholischen Religionsunterricht, in: rhs 4 (2006), 223–231.

Schlag, T., Horizonte demokratischer Bildung. Evangelische Religionspädagogik in politischer Perspektive. Freiburg i. Br./Basel/Wien 2010.

Schlag, T., Ist Wahrheit im Religionsunterricht sinnvollerweise kommunizier-bar? Didaktische Reflexionen in interreligiöser Perspektive, in: ZPT 64 (2012), 46–55.

Schlag, T., Religious Education at Schools in Switzerland, in: M. Roth-gangel/M. Jäggle u. T. Schlag (Hg.), Religious Education at Schools in Europe. Part 1: Central Europe. Göttingen 2016, 269–307.

Schlag, T., Historische, verfassungsrechtliche und gesellschaftspolitische Hintergründe der Diversität des Religionsunterrichts in der Schweiz, in: P. Büttgen/A. Roggenkamp u. T. Schlag (Hg.), Religion und Philosophie. Perspektivische Zugänge zur Lehrer- und Lehrerinnenausbildung in Deutschland, Frankreich und der Schweiz. Leipzig 2017, 25–37.

Schlag, T., The Public Church and Public Religious Education as Forms of ‹Protestant Presence›. Confessional and Interreligious Perspectives, in: M. L. Pirner/J. Lähnemann/W. Haussmann u. S. Schwarz (Eds.), Public Theology, Religious Diversity, and Interreligious Learning. New York/London 2018, 146–157.

Schlag, T., Human Rights Education in Religious Education. A Theological Perspective, in: L. Francis/J. Astley a. D. W. Lankshear (Eds.), Values, human rights and religious education. Contested grounds. Oxford 2018 (i. Ersch.).

Schlag, T./Suhner, J., Ausbildung für Religionslehrpersonen in der Schweiz, in: ZPT 66 (2014), 167–178.

Schlag, T./Suhner, J. (Hg.), Theologie als Herausforderung religiöser Bildung. Bildungstheoretische Orientierungen zur Theologizität der Religions-pädagogik. Stuttgart 2017.

Schlag, T./Roose, H. u. Büttner G. (Hg.), «Was ist für dich der Sinn?». Kommunikation des Evangeliums mit Kindern und Jugendlichen. Stuttgart 2018.

Schleiermacher, F., Der christliche Glaube (1830/31), hg. v. R. Schäfer, Berlin 2008.

Schluß, H., Religiöse Bildung – Stationen einer Problemgeschichte und ihre gegenwärtige Krise, in: J. Ruhloff/J. Bellmann u. a. (Hg.), Perspektiven Allgemeiner

Pädagogik. Festschrift für Dietrich Benner zum 65. Geburtstag. Weinheim 2006, 229–242.
Schmid, K., «Religion» innerhalb einer Didaktik des Sachunterrichts, in: D. Helbling/U. Kropač/M. Jakobs u. S. Leimgruber, Konfessioneller und bekenntnisunabhängiger Religionsunterricht. Zürich 2013, 176–189.
Schreiner, P./Sieg, U. u. Elsenbast, V. (Hg.), Handbuch interreligiöses Lernen. Gütersloh 2005.
Schröder, B., Erfahrung mit der Erfahrung. Schlüsselbegriff erfahrungs-bezogener Religionspädagogik, in: Zeitschrift für Theologie und Kirche 95 (1998) 277–294.
Schröder, B., Interreligiöses Lernen als Herausforderung der Religions-pädagogik, in: P. Schreiner/U. Sieg u. V. Elsenbast (Hg.), Handbuch interreligiöses Lernen. Gütersloh 2005, 520–532.
Schröder, B., Religionspädagogik. Tübingen 2012.
Schröder, B., Theologische Bildung im öffentlichen Raum, in: T. Schlag u. J. Suhner, Theologie als Herausforderung religiöser Bildung. Stuttgart 2017, 151–178.
Schweitzer, F., Erfahrung – Dialog – Verantwortung. Religionsunterricht in der Schule für morgen. KatBl 119 (1994), 245–250.
Schweitzer, F./Englert, R./Schwab, U. u. Ziebertz, H.-G. (Hg.), Entwurf einer pluralitätsfähigen Religionspädagogik. Gütersloh 2002.
Schweitzer, F., Religionspädagogische Theoriebildung im Zeichen der Pluralitätsproblematik, in: ders./R. Englert u. H.-G. Ziebertz (Hg.), Entwurf einer pluralitätsfähigen Religionspädagogik Bd. 1. Freiburg 2002, 75–85.
Schweitzer, F., Kooperativer Religionsunterricht. Hindernis oder Voraus-setzung interreligiösen Lernens?, in: E. Gottwald u. N. Mette (Hg.), Religionsunterricht interreligiös. Hermeneutische und didaktische Erschliessungen. Festschrift für Folkert Rickers. Neukirchen-Vluyn 2003, 97–108.
Schweitzer, F./Simojoki, H. u. Simon, W., Moderne Religionspädagogik. Ihre Entwicklung und Identität. Gütersloh 2005.
Schweitzer, F., Kooperativer Religionsunterricht. Stand der Entwicklung – Realisierungsformen und Verbreitung – Zukunftsperspektiven, in: ZPT 65 (2013), 25–33.
Schweitzer, F., Interreligiöse Bildung. Religiöse Vielfalt als religions-pädagogische Herausforderung und Chance. Gütersloh 2014.
Schweitzer, F., Evangelische Perspektiven zum interreligiösen Lernen, in: P. Schreiner/U. Sieg u. V. Elsenbast (Hg.), Handbuch interreligiöses Lernen. Gütersloh 2015, 114–125.
Schweitzer, F./Biesinger, A., Kulturell und religiös sensibel? Interreligiöse und Interkulturelle Kompetenz in der Ausbildung für den Elementarbereich. Münster/New York 2015.
Schweitzer, F./Bräuer, M. u. Boschki, R. (Hg.), Interreligiöses Lernen durch Perspektivenübernahme. Eine empirische Untersuchung religions-didak-tischer Ansätze. Münster/New York 2017.
Stoellger, P., Was sich rechnet und was sichtbar ist. Wundersame Wandlungen des Wirklichkeitsbegriffs als Horizont der Religionskulturen, in: JRP 30 (2010), 43–53.

Stoellger, P., Deutungsmachtanalyse, in: P. Stoellger (Hg.), Deutungsmacht. Religion und belief systems in Deutungsmachtkonflikten. Tübingen 2014, 1–85.

Stolz, J./Könemann, J./Schneuwly Purdie, M./Englberger, T. u. Krüggeler, M., Religion und Spiritualität in der Ich-Gesellschaft. Vier Gestalten des (Un-)Glaubens. Zürich 2014.

Stosch, K. v., Komparative Theologie als Wegweiser in die Welt. Paderborn 2012.

Suhner, J. Menschenrechtspädagogische Bezugsfelder öffentlicher religiöser Bildung. Grundsatzüberlegungen, Konkretisierungen, Perspektiven im Bildungskontext Schweiz. Dissertationsmanuskript Zürich 2018 (i. Ersch.).

Sundermeier, T., Konvivenz. Ein Modell für Europa?, in: International Journal of Orthodox Theology 3:4 (2012), 33–51.

Tanner, K., Theories of Culture. A New Agenda for Theology. Minneapolis 1997.

Ven, van der J. A. u. Ziebertz, H.-G. (Hg.), Religiöser Pluralismus und Inter-religiöses Lernen. Weinheim 1994.

Wagner, F., Was ist Religion. Studien zu ihrem Begriff und Thema in Geschichte und Gegenwart. Gütersloh ^{2}1991.

Weisse, W., Wahrheit und Dialog. Theologische Grundlagen und Impulse gegenwärtiger Religionspädagogik. Münster 2002.

Weisse, W. (Hg.), Dialogischer Religionsunterricht in Hamburg. Positionen, Analysen und Perspektiven im Kontext Europas. Münster/New York 2008.

Weisse, W. u. a. (Hg.), Religionen im Dialog. Eine Schriftenreihe der Aka-demie der Weltreligionen. Hamburg 2009.

Willems, J., Interreligiöse Kompetenz. Theoretische Grundlagen, Konzep-tualisierungen, Unterrichtsmethoden. Wiesbaden 2011.

Willems, U./Reuter, A. u. Gerster, D. (Hg.), Ordnungen religiöser Pluralität. Wirklichkeit – Wahrnehmung – Gestaltung. Frankfurt 2016.

Winklmann, M. J., Moralische Kompetenz. Wertebildung im Horizont christlich gelebter Moral. Göttingen 2018.

Ziebertz, H.-G., Mono-, multi-, interreligiös? Religionen als pädagogische Herausforderung, in: EvErz 46 (1994), 328–337.

Ziebertz, H.-G., Religiöse Identitätsfindung durch interreligiöse Lernprozesse, in: Religionspädagogische Beiträge 36 (1995), 83–104.

Ziebertz, H.-G., Interreligiöses Lernen und die Pluralität der Religionen, in: U. Schwab u. F. Schweitzer (Hg.), Entwurf einer pluralitätsfähigen Religions-pädagogik. Gütersloh 2002, 121–143.

Zilleßen, D., Dialog mit dem Fremden. Vorüberlegungen zum interreligiösen Lernen, in: EvErz 46 (1994), 338–347.

Zürcher Direktion der Justiz und des Innern (Hg.), Staat und Religion im Kanton Zürich. Kurzversion der Orientierung des Regierungsrats des Kantons Zürich (2017), in: https://ji.zh.ch/internet/justiz_inneres/de/themen/religionsgemeinschaften/orientierung/_jcr_content/contentPar/downloadlist_0/downloaditems/staat_und_religion_i.spooler.download.1518767112004.pdf/Staat+und+Religion.pdf